논 · 술 · 세 · 계 · 대 · 표 · 문 · 학

17

돈 키호테

미구엘 드 세르반테스 | 박윤호 엮음

H 훈민출판사

세르반테스의 초상화

에스파냐의 톨레도

The Best World Literature

에스파냐 광장에 있는 세르반테스 동상(뒤)과 돈키호테, 산초의 동상(앞)

화가 달리에 의해 그려진 돈키호테

사랑하는 둘시네아 공주의 삽화

에스파냐 마드리드 근교의 돈키호테 기념 마을

독서에 몰두하고 있는 돈키호테

〈돈키호테〉에 나오는 여관의 배경이 된 건물

에스파냐 어로 출판된 〈돈키호테〉 – 이후 세계 각지에서 번역되었다.

The Best World Literature

풍차와 싸우는 돈키호테 – 뒤에는 부하 산초의 모습이 보인다.

구인환(丘仁煥)

서울대학교 사범대학 졸업. 동 대학원 졸업(문학박사)
서울대학교 명예교수, 소설가(현). 서울대학교 사범대학 국어교육연구소 소장(현)
문학과문학교육연구소 소장(현). 국제펜 한국본부 부회장(현)
한국소설문학상(1987). 예술문화대상(1994). 한국문학상(2000)
작품 〈숨쉬는 영정〉, 〈살아 있는 날들〉, 〈일어서는 산〉 외 다수

- **저서** 《한국단편소설의 이해》, 《한국현대소설의 비평적 성찰》,
  《고교생이 알아야 할 소설》, 《고교생이 알아야 할 세계단편소설》 외 다수

윤병로(尹柄魯)

성균관대학교 국어국문학과 졸업. 동 대학원 졸업(문학박사)
성균관대학교 교수, 문학평론가(현). 한국현대소설학회장(현)
한국문예학술저작권협회 이사(현). 한국간행물윤리위원회 위원(현)
한국펜 문학상(1987). 한국문학상(1988). 대한민국문학상(1989)
수필집 《나의 작은 애인들》 외 다수

- **저서** 《현대 작가론》, 《한국 현대 소설의 탐구》,
  《한국 근대 작가 작품 연구》, 《한국 현대 작가의 문제작 평설》 외 다수

홍성암(洪性岩)

고려대학교 국어국문학과 졸업. 한양대학교 대학원 국어국문학과 졸업(문학박사)
동덕여자대학교 교수, 소설가(현). 한국문인협회 회원(현)
한국소설가협회 이사(현). 국제펜 한국본부 소설분과 이사(현). 한민족 문화학회 회장(현)
창작집 《큰 물로 가는 큰 고기》, 《어떤 귀향》 외
대하역사소설 《남한산성》 (전9권) 외 다수

- **저서** 《문학의 이해》, 《현대 작가론》, 《한국 근대 역사소설 연구》 외 다수

기
획
·
감
수

에스파냐 톨레도의 골목

논술 *세계대표문학*을 펴내며

　21세기의 사회는 '**전자 문명 시대**'라 일컬어질 만큼 오늘날 전자 산업은 우리 생활의 거의 모든 분야에 다양하게 응용되고 있습니다. 출판 분야 또한 예외는 아니어서, 종래의 서책(Book) 대신에 이른바 '전자책(CD-ROM)'의 출간이 최근 들어 날로 증가하고 있습니다.

　그러나 이러한 전자책은 영상 또는 모니터상으로 흥미 위주나 백과사전식 지식을 습득하는 데는 효과적일지 모르지만, 문학 공부를 위해서는 별로 도움이 되지 않습니다. 바꾸어 말하면, 문학 공부는 각 지면마다 살아 숨쉬는 표현 하나하나를 독자 자신의 머리로 음미하면서 작품을 읽어 나가는 가운데, 풍부한 상상력의 배양과 함께 작가의 의도와 그 작품의 내면을 깊이 있게 이해함으로써 이루어지는 것입니다.

　이에 훈민출판사에서는, 자라나는 학생들이 범람하는 영상 매체에 길들여지기 전에, 어려서부터 유명한 세계문학 작품들을 책자를 통하여 감명 깊게 읽고 감상함으로써, 올바른 문학 공부의 기틀을 다지고, 아울러 전인 교육도 할 수 있도록 《논술 세계대표문학(전60권)》을 펴내게 되었습니다.

　작품 선정은, 초·중·고등학교 국어 교과서와 역사 교과서에 실리거나 소개된 문학 작품을 중심으로 하되, 그리스 신화와 성경 이야기 등의 고전에서부터 중세·근대·현대에 이르기까지 세르반테스·셰익스피어·톨스토이 등 세계 유명 작가들의 장·단편 소설들을 엄선·수록하였습니다. 또 세계의 명시도 별권으로 엮었으며, 특히 각 단락마다 '**논술 문제**'를 제시하여, 장차 대학입시를 비롯한 각종 '논술 고사'에 예비 지식을 쌓을 수 있도록 배려하였습니다. 아무쪼록, 이 《논술 세계대표문학(전60권)》이 자라나는 학생들에게 문학 공부의 주춧돌이 되고, 나아가 미래를 살아가는 데 **정신적 자양분**이 되기를 진심으로 바라 마지않습니다.

훈민출판사

차례

돈키호테

세르반테스

지은이

1547~1616년. 에스파냐의 알칼라 데 에나레스에서 출생. 가난한 의사의 아들로 태어난 세르반테스는 어렸을 때 잠깐 동안 공부한 것말고는 이렇다 할 교육을 받은 적이 없었다. 그러나 광범위한 독서를 통해 문학 이론, 목가 소설, 기사 소설 등 수많은 작품들의 영향을 받았다.

1571년 레판토 해전에 참전하여 부상을 당해 평생토록 왼팔을 쓸 수 없었던 그에게 '레판토의 외팔'이란 별명이 붙여졌다. 1580년 결혼한 후 세비야에서 하급 관리로 일하면서 다양한 경험을 쌓게 되었고, 그것을 토대로 〈돈키호테〉를 비롯한 많은 작품을 썼다. 그는 희망과 좌절, 꿈과 현실 간의 갈등이라는 주제를 깊이 있게 다루었다. 작품으로 〈돈키호테〉 〈모범 소설집〉 등이 있다.

돈키호테

이상한 지주

에스파냐의 라 만차라는 마을에 지주가 살고 있었다. 그는 사냥하는 것을 아주 좋아하여 집안일은 전혀 돌보지 않았다.

그런데다 성격도 좀 이상하여, 기사니 영주니 하는 옛날의 격식을 찾는 시대가 아니었는데도 불구하고 항상 그 기사도가 성하던 옛날을 그리워하였다.

그래서 그 지주의 방에는 언제나 기사들이 쓰던 낡은 창이 걸려 있었고, 그 아래에는 역시 오래 된 투구가 놓여 있었다.

그는 마치 나라에 전쟁이라도 나면, 언제든지 무장을 하고 싸움터로 나갈 것 같은 기세였다.

그는 말 한 필과 사냥개 한 마리를 기르고 있었는데, 그 말은 먹이도 제대로 먹이지 않아 갈비뼈가 앙상하게 드러나 있었다.

그런 빼빼 마른 말에 올라타고, 사냥개를 이끌고 사냥터로 나가는 그의 모습은 실로 우스꽝스럽기 짝이 없었다.

하긴 그도, 자기 말과 다름없을 정도로 몸이 깡마르고 호리호리하였다. 다리가 남달리 긴 데다가, 살이 없어 나무판 같은 가슴팍을 앞으로 쭉 내밀고 있는 모습은 보기 드문 구경거리였다.

그야말로 세상에 이렇게 여윈 지주가 어디 있으며, 또 이런 뼈대만 남은 말이 어디 있을까 싶었다.

집에는 마흔 살이 넘은 가정부 아주머니와 스무 살 가량 된 조카딸이 집안일을 돌보고 있었다. 그 밖에 논밭일을 맡아 하는 하인 한 사람이 있었다.

그러니까 집안일은 이 세 사람에게 아주 맡겨 버린 채, 지주는 자기 밭의 수확이 얼마나 되는지도 전혀 모르고 있었으며, 또 알려고도 하지 않았다.

날씨가 좋으면, 지주는 일찍 일어나 말 위에 안장을 올려놓고,

"날씨가 좋군. 사냥을 가서 짐승을 많이 잡아올 테니까, 시장에 가더라도 고기는 사지 않아도 돼!"

하고 거들먹거리며, 의기양양하게 사냥을 나가곤 하였다. 그러나 집에 돌아올 때는 늘 빈손이었다. 그러니까 사냥하는 솜씨도 별로 신통치 않은 모양이었다.

이 지주의 나이는 벌써 쉰 살 가까이 되었다. 이름은 '키하나'라고도 하고 '케사다'라고도 하였으나, 확실한 것은 아무도 몰랐다. 그 두 가지 이름 모두 기사의 이름으로는 적당하지 않았으므로, 한 번도 불러 본 사람이 없었기 때문이다.

그런데 그가 집안일을 다른 사람에게 맡기고 사냥을 다닌다고는 하지만, 날씨 관계로 날마다 가는 것은 아니었다.

이 지주는 책 읽는 것을 무척 좋아하였다. 그는 젊었을 때부터 지금까지 30년 동안, 사냥을 가지 않을 때에는 방에 틀어박혀 열심히 책을 읽었다.

책에 한 번 정신이 팔리면 잠자는 시간도 아까워하고, 때로는 그렇게 좋아하는 사냥까지 잊어버릴 때가 있었다. 그리하여 사흘 또는 일주일씩이나 잠을 자지 않고, 밤을 꼬박 새우기도 하였다.

그가 이렇게 열심히 읽는 책이라는 것은, 이미 옛날 이야기가 되어 버린 기사 이야기를 다룬 책이었다.

그 책들의 내용은, 수많은 용사들이 사모하는 공주에게 마음을 바치고, 무사의 도를 닦으며, 여러 곳을 돌아다니면서 언제나 정의를 위하여 싸우는 이야기들이었다.

또한 싸움터에서 용맹을 날리고 모험을 한 끝에 한 나라의 성주가 되는 이야기들로 가득 채워져 있었다. 이를테면, 일종의 무협소설과 같은 책들을 그는 무척 좋아하였다.

그는 이처럼 자나깨나 이야기책에서 좀처럼 눈을 떼지 않았다. 그리하여 읽고 싶은 책이 있으면, 무슨 수단을 써서라도 구해 읽었다. 심지어 논밭을 팔아서라도 뜻을 이루지 않으면 마음이 놓이지 않았다.

그의 방 안에는 언제나 여러 가지 기사 이야기책들이 산더미처럼 쌓여 있었다. 그러다 보니 그의 논밭은 날이 갈수록 줄어들고, 머릿속에는 항상 용사들의 모험담, 격투의 광경, 또는 악마를 물리치는 모습, 무사들과의 싸움 등 공상으로 가득 차게 되었다.

그는 마침내 이야기의 주인공과 자기 자신을 구별할 수 없을 정도로 도취되어, 자기가 지금 그 화려한 기사도 시대에 살고 있다고 생각하기에 이르렀다.

아마도 시간을 아껴 책을 너무 열심히 읽다 보니까, 수면 부족으로 정신에 약간 이상이 생긴 모양이었다.

아무튼 그는 모든 일을 올바르게 생각할 수 없게 되었다. 그가 어떤 괴상한 일을 한번 해 보려고 마음먹은 것도 이 때문이었다.

그는 몸소 여러 나라를 돌아다니는 기사가 되기로 작정하였다. 자기가 읽은 이야기책의 기사 주인공처럼 갑옷을 입고, 말을 타고, 천하를 두루 돌아다니며 정의를 위해 싸워 보자는 결심을 한 것이다.

'그렇게 하면 수많은 고생들이 나를 기다리고 있을 테지. 그러나 내 이름은 영원히 남아, 어떤 소설보다도 훌륭한 이야깃거리가 될 것이다.'

이렇게 생각하니 벌써 자기가 기사로서 무수한 공을 세우고, 한 나라의 왕위에 오르는 모습도 눈앞에 가물거렸다.

그는 우선 조상 때부터 내려오는 갑옷을 열심히 닦기 시작하였다. 그 갑옷은 녹이 슬고 냄새가 났으나, 정성껏 손질을 하자 그런 대로 쓸 만해 보였다. 그는 또 땀을 뻘뻘 흘리며 창과 칼을 손질하였다.

다음은 말을 손질할 차례였다. 그가 사랑하는 말은 마구간에 매여 있었다. 그 말은 뼈와 가죽뿐, 말굽에 박은 편자도 찌그러져 차마 눈뜨고 볼 수가 없었다.

그러나 그의 눈에는 천하에 둘도 없는 명마로 보였다.

'나는 이 명마만 있으면 된다. 기사의 명마로서, 이제 적당한 이름을 붙여 주어야지…….'

그는 곰곰이 생각하였다.

사흘 동안이나 궁리한 끝에 '로시난테'라는 이름을 붙이기로 결정하였다. 로시난테란 '늙고 말라빠진 말'이라는 뜻이었다.

다음은 기사로서 자기 이름을 새로 짓기로 하였다.

그것은 아무쪼록 용사답고 고상한 이름이어야 하므로, 말의 이름을 짓는 것보다 더욱 힘이 들었다.

'돈키호테……. 옳지, 됐다! 이것으로 정하자.'

그가 이렇게 생각하고 무릎을 탁 친 것은, 이름 때문에 끙끙거리며 궁리한 지 꼭 8일째 되는 날이었다. 그리고 저 유명한 용사 '아마디스'가 자기 고향 이름을 따다가 '가우라이 아마디스'라고 부른 것처럼 그는 자기 이름을 '라 만차 돈키호테'라고 부르기로 하였다.

'돈'이란 보통 평민이 아닌 기사라는 신분을 나타내는 명예스러운 칭호였다. 그는 중얼거렸다.

"라 만차 돈키호테! 얼마나 멋진 이름인가! 이 이름이 천하를 쩌렁쩌렁 울릴 때, 내 고향의 이름을 모르는 사람이 없게 될 테지."

그는 무척 만족스러웠다.

'무기 준비도 다 되고, 말 이름도 짓고, 또 내 이름까지 훌륭하게 정했으니, 이제는 다음 일을 준비해야겠군.'

천하를 누비는 기사로서 가장 소중한 것은, 마음과 몸을 송두리째 바칠 수 있는 공주가 있어야 하며, 오직 그 분을 위하여 공명을 세우는 일이었다.

'기사가 설사 악마나 거인을 정복했다 하더라도 그 공적을 보여 줄 공주님이 없다면, 그것은 마치 나무에 잎사귀가 달려 있지 않은 것과 같다. 그러므로 사모하는 공주님이 있어야 한다.'

그는 곰곰이 생각해 보았다. 그의 머릿속에서는 마을에서 얼마 떨어지지 않은 곳에 살고 있는 어느 농부의 딸이 떠올랐다.

그녀의 이름은 '알돈사 로렌스'였다. 그는 한참 생각한 끝에 로렌스에게 공주다운 새 이름을 지어 주기로 결정하였다.

'둘시네아 공주라고 하면 어떨까? 됐어, 그렇게 부르기로 하자.'

그리하여 그는 농부의 딸 로렌스를 '둘시네아 공주'로 부르기로 정하였다.

그러고 보니, 자기 이름은 물론 말의 이름이나 공주의 이름도 다 고상하고 음악적이고 점잖게 들렸다. 그는 무척 흐뭇하여 자신의 재능에 새삼 감탄하였다.

길 떠나는 돈키호테

이제 모든 준비를 마쳤다. 그는 이제 더 이상 우물쭈물할 필요가 없다고 생각하였다.

'만일 내 출발이 늦어지면, 세상은 그 동안에 어떤 불행에 빠질지 모를 일이다. 그러니 곧 실천에 옮기는 것이 좋겠다.'

돈키호테는 이렇게 생각하였다.

어느 날 아침, 돈키호테는 갑옷으로 몸을 감싸고 사랑하는 말에 올라타고, 자기 결심을 실천하기 위하여 뒷문으로 빠져 나왔다.

그러나 그는 얼마 안 가서 그만 실망하고 말았다. 왜냐하면 자기에게는 아직 기사의 자격이 주어져 있지 않았기 때문이다.

기사로서 버젓이 행세하려면, 영주로부터 기사의 자격을 얻어야만 했다. 그리고 이 자격을 얻을 때에는 반드시 일정한 의식을 올리게 되어 있었다.

이 의식을 올리기 전에는 길을 가다가 도중에서 마주치는 다른 기사와 결투도 할 수 없었다. 이것은 기사들의 규칙으로서, 어길 수가 없는 일이었다.

돈키호테는 말 위에서 한참 동안 생각에 잠겼다. 그러다 문득 전에 읽은 기사 이야기가 떠올랐다. 그것은 어떤 사나이가 길에서 만난 기사에게 청을 하여 기사 임명식을 마쳤다는 이야기였다.

'나도 그렇게 하자. 처음에 만나는 기사에게 부탁해서 식을 올리면 된다.'

하고 돈키호테는 생각하였다. 그러자 마음이 홀가분해지고 기분도 좋아졌다.

한여름이라 햇살이 점점 더 뜨겁게 내리쬐기 시작하였다. 보통 사람

같으면 더위에 지쳐 한 발짝도 더 나아갈 수 없었을 것이다. 그런데 돈키호테는 조금도 아랑곳하지 않았다.

아마 두 개의 태양이 동시에 비추었더라도, 공상 속에 빠져서 살고 있는 이 사람을 제정신으로 돌아오게 하지는 못했을 것이다.

돈키호테는 말 위에서 흔들리며 여러 가지 공상에 잠겼다.

"후세에 누군가가 반드시 내 무용담을 쓸 것이다. 그는 내 첫 출발을 어떤 명문으로 써 나갈까? 아마 이렇게 쓰겠지! '세상에 그 이름을 드날린 용사 라 만차 돈키호테는, 아늑한 잠자리를 박차고 일어나 그의 명마 로시난테에 올라타고 온티에일 벌판에 나타났다. 태양의 신 아폴론이 황금빛 머리털을 휘날리면서 끝없는 대지를 붉게 물들이고, 귀여운 참새들은 음악을 연주하며 우리의 용사를 맞아들이는 것이었다.' 라고 말이야."

이것은 돈키호테 자신도 황홀해질 만한 훌륭한 문장이었다. 그러나 기사 이야기를 읽은 사람이라면, 어디선가 한번은 본 것 같다고 머리를 갸우뚱거릴 것이다.

기사 이야기를 하도 많이 읽어서, 그의 머릿속에서 맴도는 이 책 저 책의 여러 줄거리가 한꺼번에 쏟아져 나온 것이었다.

그 날은 도중에 아무 일도 일어나지 않았다. 이 기사에게 있어 무사 평온한 것처럼 멋쩍은 일은 없었다.

돈키호테는 크게 실망하였다. 더구나 뜨거운 여름날에 하루 종일 걸었으므로, 저녁때가 되자 자신은 물론 말도 지칠 대로 지쳤다. 그는 무엇보다도 배가 고파서 견딜 수가 없었다.

'어디 성이라도 없을까? 아니, 양을 치는 헛간이라도 좋아. 좀 쉬고 싶은데……'

돈키호테는 사방을 둘러보았다. 그러나 성 같은 것은 보이지 않고, 조금 떨어진 곳에 여관 하나가 보였다.

"아, 하느님이 도우셨다! 로시난테야, 저 성을 보거라!"

돈키호테에게는 넓은 벌판에 서 있는 오막살이 여관 한 채가 마치 성처럼 보였다.

그의 머릿속에 떠오르는 공상은 모두 사실로 생각되었다.

눈앞에 보이는 성(여관)에는 네 개의 탑이 솟아 있고, 성을 에워싼 깊은 못에는 줄로 된 다리가 걸려 있었다. 그리고 금방이라도 기사를 맞아들이는 신호인 나팔 소리가 우렁차게 들려올 것만 같았다.

그 때 여관 문 앞에서 젊은 여자 두 사람이 이야기를 나누고 있었다. 그런데 그것이 돈키호테에게는 아름다운 아가씨나 고귀한 귀부인이 성문 앞에서 산책을 하고 있는 것으로 보였다.

여자들은 이상한 영감이 비쩍 마른 말을 타고 갑자기 나타난 것을 보고는 깜짝 놀라 도망치려고 하였다.

돈키호테는 말을 세우고, 주름이 가득한 먼지 낀 얼굴로 빙그레 웃으면서 정중히 말을 걸었다.

"오, 공주님들이여! 어디로 몸을 피하려 하시나이까? 소인은 결코 이상한 사람이 아니올시다. 기사는 아무에게나 함부로 손을 대지 않습니다. 더구나 그대들과 같은 고귀한 공주들에게 어찌 감히 무엄한 짓을 할 수 있사오리까!"

이 말을 듣고 여자들은 배를 잡고 킬킬거리며 웃었다.

"아니, 왜 그렇게 웃으십니까?"

돈키호테는 화가 나서 물었다.

여자들은 묘한 투구를 쓰고 이상한 소리를 마구 지껄여 대는 미치광이 같은 영감이 우습기만 하였다.

그 때 여관 주인이 나타났다.

"나리, 우리 집에서 쉬어 가시려거든 어서 들어오십시오."

두 손을 비비면서 공손히 말하는 여관 주인이 돈키호테에게는 당당한 성주의 모습으로 보였다.

"황송하옵니다. 그러나 염려 마옵소서. 기사에게는 하늘과 땅이 휴식처입니다. 들에서 쉬고 산에서 자면 되므로, 침대는 필요 없습니다."

여관 주인은 마음씨는 좋았으나 머리가 둔하였다. 그래서 상대가 정상이 아니라는 것을 미처 알아채지 못했다.

"옳은 말씀입니다. 나리는 바위를 침대로 삼고, 돌을 베개로 쓰신다는 말씀이지요? 그렇다면 어서 말에서 내려 이리로 들어오시지요."

돈키호테는 하루 종일 아무것도 먹지 않아 휘청거리는 몸을 간신히 움직여, 여관 주인의 몸에 의지하면서 겨우 말에서 내렸다.

그는 말했다.

"성주님, 이 말은 보기 드문 명마입니다. 그런 줄 아시고 부디 조심스럽게 다루어 주십시오."

'뭐, 이게 명마라고?'

여관 주인은 어이가 없었으나, 말없이 마구간으로 끌고 갔다.

주인이 여관 안으로 돌아와서 보니, 돈키호테는 문 앞에 있던 여자들과 벌써 상당히 친해진 것 같아 보였다. 여자들은 돈키호테의 갑옷을 친절히 벗겨 주고 있었다.

여자들은 투구나 갑옷을 처음 보았으므로, 어떻게 벗겨야 할지 잘 몰라 투덜거렸다.

"아이, 귀찮아! 차라리 줄을 끊어 버릴까 보다."

"그건 안 되지요!"

돈키호테는 점잖게 거절하였다.

"공주님들, 소인은 라 만차 돈키호테라고 불리는 사람입니다. 공주님들께 굳이 내 이름을 밝힐 것까지야 없지만, 머지않아 세상에 널리 알려질 이름이기에, 나에게 이처럼 친절히 대해 준 공주님들에게 미리 밝혀 두는 것입니다. 공주님들이 소인의 용맹한 행위에 대해 여러 가지 이야기를 들으실 날도 멀지 않았습니다."

시골뜨기 아낙네들인 이 여자들이 이런 어려운 말을 알아들을 리가 없었다.

"손님, 무엇을 드시겠어요?"

여자들이 돈키호테에게 물었다.

"무엇이든 좋습니다. 마련되어 있는 것으로 주십시오."

그 날은 마침 금요일이어서 고기를 먹지 않는 날이었다. 찬장을 샅샅이 뒤져 보았으나 겨우 생선 한 토막이 눈에 띌 뿐이었다.

여자들은 집 안이 너무 후텁지근하여 문 앞에 식탁을 마련하였다. 차린 음식이라고는 간장에 조린 생선 한 토막과, 돈키호테의 갑옷 못지않게 새까맣고 썩은 냄새가 풍기는 빵 한 조각, 그리고 시큼털털한 수프뿐이었다. 그러나 뱃가죽이 등에 붙을 지경이 된 돈키호테는 이 음식도 고맙기만 하였다.

"그럼, 잘 먹겠습니다."

돈키호테는 투구를 쓴 채 의자에 앉았다. 그리고 음식을 먹기 위해 손으로 그 투구를 위로 올려 잡았다. 그러자 음식을 집어먹을 손이 없었다.

그가 손을 접시로 가져가자, 이번에는 투구가 입을 가렸다. 배는 무척 고픈데 음식을 전혀 먹을 수가 없었다.

돈키호테는 그만 울상이 되어 말했다.

"공주님, 소인을 위하여 이 음식을 입에까지 옮겨 주실 수 없을까요?"

　여자들은 하는 수 없이 수프와 빵을 번갈아 돈키호테의 입에 넣어 주었다. 돈키호테는 이런 불편을 참아 가면서도, 투구의 끈을 끊지 못하게 하였다. 참으로 딱한 일이었다.

　이렇게 식사를 하느라고 한바탕 수선을 떨고 있는데, 어떤 사나이가 나타났다. 그는 돼지 가죽을 벗기는 일을 직업으로 하고 있는 사나이였다.

　사나이는 혼잣말처럼 중얼거렸다.

　"잘들 논다. 참 멋지구나! 이런 신기한 광경은 처음 보는걸!"

　사나이는 신바람이 나서 좋아하였다. 그는 바닥에 떨어져 있는 참대를 주워들고 피리를 불기 시작하였다.

　돈키호테는 자기가 이 사람에게 조롱당하고 있는 줄도 모르고, 상대가 정말로 신이 나서 연주하는 것으로 알고 만족스러워하였다. 그러나 기사의 자격을 정식으로 받지 못한 것이 은근히 걱정스러웠다.

기사 임명식

돈키호테는 저녁 식사를 마친 후, 여관 주인에게 말했다.

"성주님, 소인에게 청이 하나 있습니다."

어리석은 여관 주인은 돈키호테가 자기더러 성주라고 부르는 게 황송하기만 하여,

"무슨 청인데요?"

하고 물었다.

돈키호테는 여관 주인을 마구간으로 데리고 가 그 앞에 무릎을 꿇고 말하였다.

"용맹하신 성주님이시여, 저의 간절한 청을 들어주소서! 승낙하실 때까지는 죽어도 이 자리에서 물러나지 않겠습니다."

여관 주인은 눈이 휘둥그레져서 무슨 청인지 물었다.

"어서 청을 말하십시오!"

"다른 게 아니오라, 기사 임명식을 거행한 다음 소인에게 기사 자격을 주십사 하는 것입니다."

여관 주인은 그때서야 '이 사람이 좀 돈 모양이군!' 하고 생각하였다. 그는 돈키호테에게 물었다.

"당신, 지금 무슨 말을 하고 있는 거요?"

그러나 돈키호테는 엄숙한 얼굴로 말을 이었다.

"성주님이 승낙하시면 오늘 밤에 곧 성내에 있는 교회당에 투구를 걸어 놓고 식을 올리겠습니다. 이 일을 무사히 마치면, 소인은 정정당당한 기사가 되는 것입니다. 그리하여 내일부터 소생의 오랜 소망인 열

국 방문의 길에 오르려고 합니다. 저는 세계의 어느 곳이라도 뛰어가 약한 자를 위해 일하려고 합니다."

여관 주인은 그때서야 돈키호테가 정상이 아니라는 것을 확실히 알아 채고, 이 사람을 무더운 여름 밤의 웃음거리로 만들어 보고 싶다는 생 각이 들었다.

"알겠습니다. 당신의 정신은 참으로 훌륭하군요. 그 옷차림이나 인품 이나 어느 모로 보나 세계에서 가장 뛰어난 기사라고 할 수 있겠군 요. 저도 젊었을 때, 혈기가 왕성하여 모험 흉내를 내 본 적이 있습니 다. 그래서 당신과 같은 기사를 아주 좋아합니다."

여관 주인은 여기까지 말하고 나서, 한참 생각에 잠겼다가 이렇게 말 했다.

"그런데 미안하지만 제 집에는 아니, 이 성내에는 교회당이 없습니 다. 새로 지으려고 얼마 전에 헐어 버렸지요. 그러니 오늘은 마당에서 식을 올리도록 합시다. 하룻밤만 지나면 당신은 천하의 당당한 기사 가 될 수 있습니다. 그러니 얼마나 경사스러운 일입니까?"

돈키호테는 빙그레 웃으면서,

"감사할 따름입니다."

하며 큰절을 하였다.

여관 주인은 계속 말을 했다.

"여러 나라를 돌아다니자면 돈이 많이 들겠습니다. 세상에는 어디에 나 협잡꾼과 도둑놈이 득실대니, 어찌 마음을 놓을 수 있겠습니까? 그래, 돈은 얼마나 가지고 떠나십니까?"

"나는 돈 같은 더러운 것은 여태 몸에 지녀 본 적이 없는걸요. 기사 가 생긴 이후로, 기사가 돈을 가지고 다닌다는 소리는 들은 적이 없 습니다."

"그렇지만 그것은 하나만 알고 둘은 모르는 말씀입니다. 혹시 책에는 그렇게 씌어 있는지 모르지만, 여비가 없이 어떻게 먼 길을 갈 수 있습니까? 책을 쓴 사람은 기사가 갈아입을 옷이나 약이나 여비 등에 관해서는 대수롭지 않게 생각한 것 같군요. 생각해 보십시오. 외따로 떨어진 산골짜기에서 상처를 입었을 때, 약이 없으면 어떻게 하시겠어요? 옛날부터 먼 길을 떠나는 기사는 만반의 준비를 갖추어야 하는 것입니다. 다른 것은 몰라도, 만일의 경우를 위해 여비만은 반드시 마련할 필요가 있다고 봅니다."

"성주님의 말씀이 옳습니다."

돈키호테는 더 이상 듣기 싫다는 듯, 곧 기사 임명식을 올릴 준비를 하였다.

성의 마당이라고 한 것은 우물가의 빈터였다. 돈키호테는 투구와 갑옷을 가져다가 물통 위에 올려놓았다. 물통을 제단으로 여기는 것 같았다. 그는 곧 창을 들고 제단, 아니 물통 앞을 뚜벅뚜벅 걸어서 빙빙 돌고 있었다.

어느 새 날이 어두워졌다.

여관 주인은 집 안을 향해,

"다들 나와 봐! 재미있는 구경거리가 생겼어. 저 친구가 돌아 버린 모양이야!"

하고 자기 머리를 가리켜 보였다.

돈키호테는 그런 줄도 모르고, 우뚝 서서 갑옷을 바라보았다. 자기 딴에는 참으로 훌륭한 기사의 자세를 취하고 서 있는 것이다.

이윽고 달이 떠올랐다. 돈키호테는 온몸에 달빛을 받으며, 갑옷을 열심히 지켜보고 있었다.

그 때, 이 여관에 묵고 있던 마부 한 사람이 자기 말에게 물을 먹이 위해, 물통 위에 올려놓은 돈키호테의 낡은 투구를 집어 내리려고 하였다.

신성한 기사 임명식이 그의 눈에는 보이지 않는 모양이었다.

돈키호테는 큰 소리로 외쳤다.

"이놈아, 그 갑옷에 손대지 말아라! 목숨이 아깝거든 어서 냉큼 물러가거라!"

그러나 마부는 콧방귀를 뀌면서 물통 위에 얹어 놓은 갑옷을 냅다 팽개쳐 버렸다. 돈키호테는 얼굴이 새파랗게 질리더니, 하늘을 우러러 사모하는 둘시네아 공주를 향하여 기도를 올렸다.

"공주님이시여! 그대를 사모하는 소인이 이번에 생전 처음으로 모욕을 당하였습니다. 저를 도와주옵소서! 저에게 힘이 되어 주십시오!"

돈키호테는 이렇게 호소하고 두 손으로 창을 잡더니, 갑자기 마부의 머리를 후려갈겼다.

마부는 아무 소리도 못하고 뒤로 벌렁 나가떨어졌다. 여관 사람들은 그 소리에 놀라 모두 밖으로 뛰어나왔다. 그러자 돈키호테는 어깨를 으스대면서 칼을 뽑아들고,

"나에게는 힘이 되시고 방패가 되는 공주님이시여! 위험이 닥치려는 나의 몸을 보호해 주옵소서!"

하고 기도를 하였다.

기도를 마치니 한결 힘이 솟았다. 그리하여 세상의 기사들이 모두 자기에게 달려들어도 물리칠 수 있을 것 같은 힘이 생겼다.

여관 주인이 깜짝 놀라 외쳤다.

"저 녀석은 미치광이야. 상대하면 이쪽이 손해라는 걸 알아야 해!"

그러자 돈키호테는 큰 소리로,

"성주님, 무슨 말씀을 그렇게 하시오? 비겁하지 않소? 소인을 성내에

가두어 놓고 갑자기 배반을 하다니……, 에잇, 치사해! 당신 같은 겁
쟁이에게 겁낼 내가 아니오. 자, 덤빌 테면 덤벼라!"
하고 고함을 쳤다.

마부들은 그의 당당한 기세에 눌려 겁이 났다. 그래서 쓰러진 마부를
데리고 물러섰다.

여관 주인은 기가 질려, 그를 더 이상 놀려 대다가는 무슨 일이 일어
날지 모른다는 생각에, 얼른 기사 임명식을 마치려고 하였다.

그래서 돈키호테의 곁으로 가서 손을 비비면서 말했다.

"미천한 녀석들이 무례한 짓을 하였으니 용서해 주십시오. 기사님께
서 한번 호통을 치시니 모두 물러갔습니다. 그런데 이제 밤도 깊었으
니, 식을 올리는 것이 어떻겠습니까?"

"그럼, 말씀대로 식을 올리도록 하지요."

여관 주인은 성주가 되어 성경 대신에 숙박부를 손에 들고 두 여자,
아니 두 분의 공주를 데리고 돈키호테 앞으로 엄숙하게 뚜벅뚜벅 걸어
가서 말했다.

"기사님, 거기 무릎을 꿇으시오!"

"감사하오!"

돈키호테는 공손히 무릎을 꿇었다.

여관 주인은 무언지 모를 소리를 한참 중얼거리며 숙박부를 읽어 내
려갔다. 그리고 돈키호테의 칼을 뽑아들고, 그의 목덜미와 등을 칼등으
로 두들겼다.

"축하합니다! 이제 무사히 끝냈습니다."

주인은 이렇게 말하면서 하녀를 시켜 칼집에 칼을 넣게 하였다. 여자
들은 조금 전의 돈키호테의 태도에 겁을 먹고 이제는 웃지도 않았다.

여자들은,

"기사님, 당신에게 하느님의 가호가 있기를 바랍니다. 싸움터에서도 행운이 있을 겁니다."
하고 말했다.
"오, 인자하신 공주님들! 그런데 두 분의 이름은 무엇인지요? 소인이 앞날에 공명을 세우면, 여러분 덕택으로 기사가 된 것을 만천하에 공포하려고 합니다."
한 여자가 대답했다.
"저는 라 드로사라고 하고, 구두 수선공의 딸입니다."
또 한 여자가 말했다.
"저는 라 모리네라고 하며, 방앗간 집 딸입니다."
돈키호테가 말했다.
"아, 두 분 다 훌륭하신 귀부인이시군요. 두 분의 성함은 소인이 가슴 깊이 간직하여 오래도록 잊지 않겠소."
이렇게 해서 그럭저럭 기사 임명식은 끝이 났다.
돈키호테는 천하에 당당한 기사가 되자, 자기의 칼 솜씨를 남에게 보여 주고 싶어서 견딜 수가 없었다. 그래서 그는 곧 명마 로시난테의 등에 안장을 얹고 말 위에 올라탔다.
"성주님, 이 은혜는 평생을 두고 잊지 않겠습니다."
돈키호테는 뚱뚱한 여관 주인을 껴안았다.
"어서 가 보시지요!"
주인은 좋은 말로 타일렀다. 그는 한시바삐 이 미치광이를 내쫓고 싶은 생각에 숙박비도 받지 않았다. 하긴 받고 싶어도, 돈키호테는 몸에 돈 한 푼 가지고 있지 않았다.

가엾은 소년

돈키호테는 무작정 여관에서 나왔는데, 얼마 안 가 새벽이 되었다. 이제는 아무하고나 칼을 맞댈 수 있다고 생각하니, 가슴이 부풀어오르고 얼굴이 벌겋게 상기되었다.

그런데 여관 주인이 하던 말을 되새겨 보니, 그럴 듯도 하였다.

'성주님 말씀이 옳아! 세계를 두루 돌자면 돈이 필요해. 그리고 하인이 없는 기사란 꼴불견이야. 무슨 좋은 방법이 없을까? 옳지! 옆집 하인을 부려 보자. 녀석은 내가 전부터 눈여겨 봤었지.'

돈키호테는 말머리를 돌려, 일단 고향 마을로 향하였다. 뼈만 앙상한 그의 말은 콧소리를 내며 달리기 시작하였다.

얼마쯤 갔을 때, 길가의 숲 속에서 갑자기 소년의 울부짖는 소리가 들려왔다.

'저 소년의 울음소리를 그냥 듣고 지나칠 수는 없어. 어쩌면 저 울음소리는 하느님이 내 솜씨를 시험해 보기 위하여 나에게 주신 좋은 기회일지도 모른다. 오, 참으로 고마운 일이다.'

돈키호테는 말고삐를 꼭 잡고, 말을 숲 속으로 몰았다.

그 곳에 가 보았더니, 참나무에 나이 열다섯 살쯤 되어 보이는 소년이 반쯤 옷이 벗겨진 채 밧줄에 묶여 있었다. 그리고 그 앞에서 웬 키다리 농부 하나가 가죽띠로 소년을 마구 때리고 있었다.

"잘못했어요. 다시는 그런 짓 안 할게요. 주인님, 한번만 용서해 주세요."

소년은 가엾게도 두 손을 싹싹 비비며 용서를 빌고 있었다.

돈키호테는 이 광경을 보자, 화가 머리끝까지 치밀어 소리를 질렀다.

"잠깐만! 약한 자를 매로 치는 것은 비겁하기 짝이 없는 짓이오. 싸우고 싶으면 내가 상대해 주겠소."

농부는 갑옷을 걸친 웬 사나이가 말 위에서 창을 겨누며 소리치는 것을 보고, 그만 기가 질려 어쩔 줄 몰라하였다.

"죄송합니다. 제발 그 창만은 거두십시오. 저는 절대로 악독한 사람이 아닙니다. 이 녀석은 우리 집 양을 지키는 목동인데, 어찌나 게으른지 날마다 양을 한 마리씩 잃어버립니다. 그래서 제가 벌을 주면, 녀석은 마치 내가 품삯을 주기 싫어서 트집을 잡는 줄 알고 투덜거리지 뭡니까?"

"무엇이라고! 이 가엾은 소년을 나쁜 놈으로 몰아? 더 말하고 싶지 않다. 이 창을 받아라! 너 같은 녀석은 찔러 없애야겠다. 그게 두렵거든 당장 품삯을 내주어라. 그리고 얼른 밧줄을 풀어 주거라!"

농부는 겁이 나서,

"예, 그렇게 하지요!"

하고 소년을 동여맨 밧줄을 풀어 주었다.

돈키호테가 말했다.

"내가 보는 앞에서 품삯을 주어라."

"예, 예. 분부대로 하겠습니다. 그런데 마침 지금 손에 가지고 있는 돈이 없으니, 이 애를 데리고 가서 그 동안 밀린 품삯을 몽땅 지불하겠습니다."

농부는 이렇게 말하면서 소년에게 교활한 눈짓을 하였다.

그러자 소년은,

"싫어요, 기사님!"

하고 말했다.

"왜?"

돈키호테가 물었다.

"주인님과 함께 집에 돌아가면, 내 가죽을 산 채로 홀랑 벗기고 말 거예요."

"설마, 그럴 리가 있나?"

돈키호테는 계속 말했다.

"내가 명령한 이상, 그대로 할 것이다. 기사와의 약속을 어길 리가 있느냐?"

소년이 말했다.

"그렇지만 기사님! 이 사람에게 기사는 아무것도 아니에요. 그는 다만 판 알두도라는 농부에 지나지 않거든요."

"아니야, 이 농부도 이제 훌륭한 공을 세우면 당당한 기사가 될 수 있어."

"우리 주인님이 기사가 될 수 있다고요? 천만에요. 동전 한 푼 주지 않고, 남을 부려먹기만 하는 사람이 무슨 공을 어떻게 세워요?"

"네 품삯은 틀림없이 줄 거야. 만일 주지 않는 날에는 이 창이 가만 있지 않을 테니까! 알두도, 알겠지? 꼭 줘야 한다! 자, 그럼 나는 이만 가겠다."

농부는 돈키호테의 뒷모습이 멀리 사라져 보이지 않게 되자, 소년에게 돌아서서,

"야, 꼬마야! 저 기사 말대로 품삯을 주랴?"

하고 물었다.

"기사님의 분부대로 꼭 주실 줄로 믿습니다. 만일, 기사님의 말을 어기면 주인님에게 어떤 해가 미칠지 모르거든요."

소년이 대답하였다.

"암, 그렇고말고. 네 말이 맞다. 난 네가 귀여워 돈을 듬뿍 줄 것이야. 그런데 그렇게 하려면 아마도 빚을 좀더 져야겠지."

농부는 이렇게 말하고 나서 소년의 목덜미를 덥석 잡더니, 또다시 밧줄로 나무에 붙들어맸다. 그리고는 그 가죽 회초리로 힘껏 두들겨패서 소년을 반쯤 죽게 만들었다.

"자, 어때? 정신이 번쩍 드냐? 어디 네 기사를 이리로 좀 불러와 봐라. 그래도 돈을 달라고 할 테냐? 아직도 돈이 갖고 싶다면 좀더 때려 줄 테다. 네 말대로 가죽이 홀랑 벗겨질 때까지."

"주인님, 제발 용서해 주세요! 제가 잘못했어요."

농부는 소년을 때리는데 지쳤는지 슬며시 풀어 주었다. 그러자 소년이 말했다.

"저, 기사님을 불러 올 거예요!"

"너, 아직도 정신을 못 차렸구나. 그래, 얼마든지 불러와 봐. 넌 아무래도 좀더 혼이 나야겠다."

농부는 코웃음을 쳤다. 그리고 다시 소년을 나무에 밧줄로 칭칭 휘감아 놓았다.

돈키호테는 소년이 이렇게 된 줄도 모르고, 기사가 된 이튿날 아침부터 기사도를 발휘해, 좋은 일을 했다고 흐뭇하게 생각하고 있었다. 그래서 행복감에 사로잡혀 얼굴에 웃음을 가득 띠고, 고향 마을을 향하여 말을 달렸다.

돈키호테는 말 위에서 혼잣말로 중얼거렸다.

"오, 아름다운 공주님이시여! 둘시네아 님이시여! 님이야말로 이 세상의 어느 여인보다도 행복한 분이십니다. 라 만차 돈키호테와 같은 용사의 마음을 마음대로 지배하는 공주님의 앞날은, 운수가 환히 트일 겁니다. 공주님의 기사 돈키호테는 이제 천하에 모르는 사람이 없게 되었습니다. 이제는 기사의 자격을 얻었고, 오늘은 잔인한 악한을 물리치고 가엾은 소년을 무자비한 사람의 손에서 구해 냈습니다."

말은 한시바삐 고향으로 돌아가고 싶다는 듯이 힘껏 달렸다.

큰길에는 많은 사람들이 마차를 타고 마주 오고 있었다. 그들은 옷감을 사러 가는 상인들이었으나, 돈키호테의 눈에는 그들이 기사를 따라가는 수행원으로 보였다.

돈키호테의 머릿속에는, 자기가 읽은 기사 이야기 중에 한 기사가 여러 사람을 상대로 솜씨를 발휘하던 광경이 떠올랐다. 그리하여 그는 창을 손에 든 채 가슴을 쭉 펴고 큰길 한가운데 턱 버티고 섰다.

"여러분, 거기 멈춰 서시오. 라 만차의 둘시네아 공주님보다 더 아름다운 공주가 이 세상에 계신지 대답해 보시오! 만일 여러분이 나의 공주님을 천하에 비할 바 없는 분이라고 인정하지 않으면, 여기서 한 발자국도 더 물러설 수가 없소!"

상인들은 이 갑작스러운 광경에 깜짝 놀라서, 서로 눈짓을 하며 발걸음을 멈추었다. 그러다가 돈키호테가 아무래도 머리가 좀 이상하다고 생각한 상인 하나가,

'좋은 구경거리 하나 생겼군!'

하고 생각하며 돈키호테의 말을 받았다.

"기사님이시여! 그대가 말씀하시는 공주님이란 도대체 누구십니까? 만일 그 공주님이 기사님의 말씀대로 아름답다면, 기사님이 소인들에게 요구하지 않아도 천하의 미인이라고 불러 드리지요. 암, 그렇고말고요."

돈키호테는 볼멘 소리로 말하였다.

"이놈! 그런 버릇없는 말이 어디 있느냐? 본 다음에는 누구나 말할 수 있어. 보지 않아도 뻔한데 뭘 의심한단 말이냐? 안 보고도 믿고 약속하는 게 소중한 거야. 내 말이 틀리느냐? 그렇다면 무기를 들고 나와 한바탕 싸우는 게 어떻겠느냐? 기사도의 규칙에 따라 한 사람씩

덤비든지, 너희 같은 놈들의 풍속대로 한꺼번에 덤비든지 마음대로 해라!"

"아니, 기사님! 잠깐만 참으십시오. 보지도 못하고 알지도 못하는 분을 경솔하게 함부로 말할 수는 없지 않습니까? 하다못해 보리알만큼 작은 공주님의 그림이라도 보여 주시오. 그야 물론, 어여쁜 공주님임에 틀림이 없을 테지만 말예요. 그 눈이 고래 눈처럼 크든지, 또는 한쪽 눈에서 유황이 솟아오르든지, 일단 보기만 하면 기사님 마음에 들도록 칭찬을 아끼지 않을 겁니다."

"닥치지 못해! 무례하기 짝이 없는 녀석들 같으니……."

돈키호테는 화가 머리끝까지 치밀었다.

"잘 듣거라! 나의 공주님 몸에서 나오는 것은 향 냄새뿐이다. 그런데도 무슨 말이 그렇게 많은 것이냐. 어디 내 창을 받아 보거라!"

돈키호테는 말을 마치자마자, 창을 들고 상인들을 향해 덤벼들었다. 하마터면 몇 사람이 떼죽음을 당할 뻔하였다. 그런데 그의 기세가 너무도 맹렬하여, 말라빠진 로시난테가 발을 헛디뎌 그만 넘어지고 말았다. 동시에 돈키호테도 로시난테의 등에서 나가떨어졌다.

돈키호테는 급히 일어나려고 하였다. 그러나 투구와 갑옷, 창, 칼 때문에 다리를 허우적거리면서 몸부림만 쳤을 뿐 일어나지 못했다.

그러나 여전히,

"비겁한 녀석들 같으니! 어디로 도망치려는 것이냐? 내가 땅바닥에 떨어진 것은 말 때문이지, 내 잘못은 아니야."

하고 고함을 질렀다.

그런데 상인들의 시중을 드는 마부는 성미가 급한 사람이었다. 그는 말에서 떨어지고도 여전히 큰소리만 탕탕 치는 돈키호테를 보자, 가까이 다가오더니 창을 빼앗아 동강동강 부러뜨리고, 망치로 돈키호테를 닥치는 대로 후려갈겼다.

돈키호테는 온몸을 갑옷으로 쌌지만, 아파서 견딜 수가 없었다. 그는 가엾게도 허리를 못 쓰게 되었으나, 그래도 입으로는 역시 마부를 위협하면서 큰소리를 탕탕 치고 있었다.

마부는 계속 돈키호테를 때리다가 마침내 질려 버렸다. 그러자 상인들은 마부를 데리고 낄낄거리면서 멀리 떠나 버렸다.

혼자 남은 돈키호테는 몇 번이고 일어나려고 허우적거렸으나, 마치 뼈가 부러지기라도 한 것처럼 손발을 움직일 수가 없었다. 그러나 돈키호테는 이것을 기사가 겪어야 하는 수난이라고 생각하고, 오히려 흐뭇해했다.

돈키호테는 이렇게 봉변을 당하고도, 여전히 자기 자신을 소설 속의 기사와 비교해 보았다. 그러다가 문득 유명한 기사 '발드윈'과 '만투아' 후작의 이야기가 생각났다.

그들은 적에게 큰 상처를 주고 라몬치니아 산중에서 버림을 받아 서로 비장한 말을 주고받았었다.

돈키호테는 땅 위에서 뒹굴며 숨가쁘게 중얼거렸다.

"나는 그들과 같은 운명이야."

그리고 마치 자기 자신이 라몬치니아 산중에라도 있는 듯한 기분에 사로잡혔다.

돈키호테가 신음을 하고 있을 때였다. 같은 마을에 사는 농부가 지나가다 그를 발견하고는,

"아니, 웬 사람이 쓰러져 있지? 어디 사는 사람일까?"

하고 다가왔다.

돈키호테는 농부를 마치 기사 발드윈을 구하려는 만투아 후작으로 생각하였다. 그리하여 그 소설에 나오는 시를 읊기 시작하였다.

"오오, 거룩하신 만투아의 군주여! 나와 핏줄이 같은 숙부님이시여!"

농부는 어리둥절하였다. 그러나 투구를 벗기고 먼지와 흙을 털어 주고 나서 보니, 그는 뜻밖에도 이 마을의 지주였다.

"아니, 웬일이시오? 어쩌다 이런 봉변을 당하였소?"

농부는 이렇게 말하면서 당황하였지만, 돈키호테는 비장한 마음으로 시를 읊고 있었기 때문에, 농부의 말이 들리지 않았다.

농부는 혹시 상처라도 입지 않았나 하고, 갑옷을 벗기고 몸을 살펴보았으나, 다행히 다친 데는 없었다.

농부는 한숨을 내쉬면서, 기도하는 돈키호테를 안아서 자기 말에 태웠다.

불타는 책

농부의 말 위에 앉은 돈키호테는 꿈인지 생시인지 알 수 없었다. 그는 지금 꼭 싸움에 패한 몸을 이끌고 가는 소설의 주인공이 된 것 같은 기분이었다.

지금까지 마음속에 생각하던 발드윈의 일은 씻은 듯이 잊어버리고, 이제는 사로잡힌 포로가 되어 끌려가는 '아빈다라스'라고 생각되는 것이었다.

"나리, 몸이 몹시 아프십니까?"

농부가 물었다.

돈키호테의 입에서 나온 소리는 용사 아빈다라스가 자기 마부에게 대답한 것과 똑같았다.

"기사에게는 패배란 있을 수 없다."

농부는 무슨 소리인지 알아들을 수가 없었다.

'이거 큰일났는걸! 나리의 머리가 돈 게 분명해!'

동네에 도착한 것은 저녁때가 다 된 무렵이었다.

농부는 죽을 지경에 이른 돈키호테를 사람들의 눈에 띄지 않게 하기 위해, 날이 아주 저문 다음에 집으로 데리고 갔다.

집에는 전부터 주인과 친하게 지내던 신부와 이발소 주인이 와서, 집을 나간 주인에 대해서 걱정하고 있었다.

가정부가 말했다.

"신부님! 제 말을 좀 들어 보세요. 우리 집 나리를 누가 데리고 나갔는지 아세요? 이 집에서 나리와 그 말라빠진 망아지와, 벽에 걸어 둔 창과 칼이 갑자기 보이지 않게 된 것은 사흘 전의 일입니다. 나는 누가 나리를 밖으로 끌어냈는지 다 알고 있어요. 언제나 밤을 새워 가면서 읽고 계시던 그 돼먹지 못한 기사 소설이, 나리의 머리를 돌게 만든 거예요. 이제야 생각이 나는데, 기사 수행인가 뭔가 한다고 세계 방방곡곡을 돌아다니고 싶다고 늘 혼잣말을 하셨거든요. 언제나 책만 읽고 있더니, 라 만차에서 제일가는 학자가 저 꼴이 되고 말았어요. 아이, 원통해! 악마라도 와서 저따위 책을 채갔으면 얼마나 좋을까!"

그 때, 옆에서는 돈키호테의 조카딸이 울상이 되어 이발소 주인과 이야기를 나누고 있었다.

"글쎄, 제 말 좀 들어 보세요. 아저씨는 책만 붙잡으면 이틀이고 사흘이고 밤을 새워 가면서 읽어요. 그러다가 책을 휙 던지고는 칼을 뽑아들고, 여기저기 닥치는 대로 푹푹 찌르면서 돌아다니지 뭐예요. 그러다가 피곤해지면 '탑처럼 높이 쳐다보이는 거인을 세 놈이나 처치했지?' 하고 중얼거리셨어요. 그리고 아저씨는 땀을 뻘뻘 흘리면서 자기 상처에서 피가 흘러내린다고 하지 뭐예요? 냉수라도 마시고 정신을 차렸으면 해서 내가 물을 갖다 드리면, 그 물은 요술쟁이가 주는 물이라서 안 드신대요. 여러 어른들과 의논을 해서 그따위 책들을 불태워 버려야겠어요. 하루라도 빨리……."

신부는 이 말을 듣고 옳은 말이라는 듯 계속 고개를 끄덕였다.

"나도 그렇게 생각하고 있소. 내일이라도 그 책들을 모조리 화형에 처해야겠소."

어느 새 자기 집 현관까지 돌아온 돈키호테와 농부의 귀에 이런 이야기가 들려왔다. 그러자 돈키호테는 어느 정도 제정신이 돌아왔다.

농부가 큰 소리로 말했다.

"나리께서, 아니 기사님께서 돌아오십니다!"

모두들 놀라 뛰어나가 보니, 꼴사납게 말 등에 매달려 있는 것은 과연 이 집의 주인이었다.

돈키호테는 반가워 와락 끌어안으려는 자기 친구와 가족들을 뿌리치면서 외쳤다.

"잠깐만! 나는 실수해서 부상을 당한 것이 아니오. 자, 나를 침대로 옮기고, 상처를 치료해 줄 현명한 요녀 울간다를 불러 줘요!"

"에그머니나, 내 참 어이가 없어서……. 내가 생각한 그대로군!"

가정부 아주머니가 큰 소리로 말했다.

"자, 주인님! 어디 가서 무엇을 하고 계셨는지 난 잘 알고 있어요. 어서 제게 기대셔서 걸어 보세요. 요녀 같은 건 데려올 필요 없어요. 제가 고쳐 드릴게요. 주인 어른을 이 꼴로 만든 것은 바로 그 원수 같은 책들이에요."

네 사람이 힘을 모아 돈키호테를 침대로 옮겼다. 그러나 이렇다 할 상처는 한 군데도 눈에 띄지 않았다.

돈키호테가 말했다.

"이 세상에서 최대의 거인을 열 명이나 상대하여 싸우다 말과 함께 넘어졌어. 그래서 이 모양이 되었지."

"아, 이 양반이 거인의 꿈을 꾸고 있는 모양이군!"

이발소 주인이 말을 이었다.

"그렇지만 이대로 가다가는 또다시 무슨 일을 저지를지 모르니, 얼른 저 책을 불태워 버립시다!"

"그게 좋겠어요."

"그 책이 사람을 망친다니까요."

사람들은 저마다 한 마디씩 하였다.

그들은 농부에게 어찌 된 영문인지 물었다. 농부는 주인을 큰길 가에서 발견하게 된 경위부터, 집에 돌아오는 도중에 말 위에서 중얼거리던 잠꼬대까지 모조리 들려주었다.

"음, 더 이상 지체할 수 없겠는걸! 빨리 책을 불태워 버려야지."

신부가 말했다.

이튿날, 신부는 친한 이발소 주인을 데리고 기사 소설을 태우러 왔다. 그 때, 돈키호테는 아직 깊은 잠에 빠져 있었다. 조카딸은 아저씨밖에는 열 수 없는 방의 열쇠를 기꺼이 꺼내어 신부에게 주었다.

방 안에 들어가 보니, 책장에는 표지가 멋있는 커다란 책들이 수백 권 꽂혀 있었고, 부피가 작은 책은 이루 셀 수 없을 정도로 가득 쌓여 있었다.

가정부는 악마를 쫓아 내기 위하여 책들에 소금을 뿌리면서 말했다.

"어서, 이 악마들을 쫓아 내 주세요!"

"잠깐만 기다리세요! 쓸 만한 책도 있을지 모르니까."

신부가 말했다. 신부도 실은 기사 소설이라면 밤을 새워 읽는 사람이었기 때문에, 읽을 만한 것을 골라서 자기 집에 갖다 두고 싶었던 것이었다.

그래서 마음에 드는 책을 몇 권 골라내고, 그 밖의 수백 권의 책들, 돈키호테가 자기 재산을 다 처분하다시피 하여 손에 넣은 책들을 뒷마당에서 불태워 버리고 말았다.

산초 판사

돈키호테의 뒷마당에서 이렇게 책을 태우고 있을 때, 이상한 고함 소리가 들려왔다. 그것은 분명 이 집 주인인 기사 돈키호테가 외치는 소리였다.

신부와 이발사는 깜짝 놀라 안으로 뛰어들어갔다. 돈키호테의 침실 문을 열어 보니, 그는 칼을 뽑아들고 벽을 향하여 닥치는 대로 칼을 휘두르며 고함을 치고 있었다.

그는 큰길에서 실수하여 말 위에서 떨어진 복수를 하는 꿈을 꾸고 나서 그대로 실천에 옮겨, 지금 막 성에 침입하여 대항하는 적을 무찌르는 모양이었다.

신부는 보기가 딱해서 입을 열었다.

"기사님, 진정하십시오. 몹시 피로하신 모양이군요. 저번에는 그만 실수를 하여 적을 놓쳤지만 상심할 것 없어요. 하느님은 그대에게 내일 쯤 반드시 이기게 해 주실 것이오. 그러니 오늘은 그만 마음을 가라앉히시오."

신부는 말을 마치고 기사를 번쩍 안아다가 침대에 눕혔다. 그러자 기사는 정신이 몽롱한 가운데서도 식사를 배불리 하고 침대 위에서 잠이 들어 버렸다.

이발사와 신부는 서로 의논한 끝에 서재 입구를 흙으로 발라 버렸다. 이렇게 하면 악마가 돈키호테를 건드리지 못하리라는 생각에서였다.

돈키호테는 그런 줄도 모르고, 사흘째 되는 날에야 비로소 제정신이 들어 기사 이야기를 읽으려고 서재로 향했다. 그러나 아무리 찾아도 서재로 들어가는 입구가 보이지 않았다.

돈키호테는 서재 앞에서 고개를 갸웃거렸다.

가정부가 이것을 보고 마치 어린아이를 달래듯이 말했다.

"아니, 나리! 무엇을 찾고 계세요? 서재도 책도 아주 없어지고 말았어요. 악마가 와서 전부 가져가 버렸어요."

"그게 어디 악마인가요?"

돈키호테가 놀란 표정으로 물었다. 그러자 옆에서 조카딸이 대답했다.

"아저씨가 집을 나간 뒤에, 요술쟁이가 큰 뱀을 타고 집에 왔지 뭐예요. 집 가까이 와서 그 뱀의 등에서 내리더니, 방 안으로 들어오더군요. 그래서 동정을 살피고 있으니까 잠시 후에 지붕을 뚫고 하늘로 올라갔는데, 방 안이 갑자기 연기로 가득 차더니 나중에 보니까 서재도 책도 모두 없어지고 말았어요. 그 때 요술쟁이가 '이 책과 서재의 주인에게 원한이 있어 내가 모두 가져간다! 내 이름은 뉴턴이다.'라고 말했어요."

"그건 잘못 들은 거야. 뉴턴이 아니라 프레스턴이라고 말했을 테지!"

돈키호테가 말했다.

"프레스턴인지 프리턴인지 잘은 모르겠지만, 아무튼 무슨 턴이라고 했어요."

하고 가정부가 끼어들었다.

"그 녀석은 나에게 원한을 가지고 있었지. 그 녀석이 거느리는 기사들과 내가 결투를 하기로 되어 있었어. 그러면 내가 분명 이길 테니까, 미리부터 그렇게 성화를 해대는 거야. 그렇지만 내가 승리를 거두는 것은 하늘이 정해 놓은 일이야. 그 녀석의 힘으로는 나를 어떻게 할 수 없을걸!"

"아마 그럴 테지요. 그런데 아저씨, 그처럼 위험한 일을 누가 시키는 거예요? 설사, 결투에서 이기더라도 아저씨가 조금도 다치지 않으리라고 어떻게 보장할 수 있어요? 그러니 차라리 집에 계시면서 편안히 집안일이나 보시는 게 좋지 않을까요? 양털을 자르러 갔다가 오히려 이쪽에서 머리털을 잘려 대머리가 되면 어떻게 하지요?"

돈키호테는 화를 버럭 내면서 큰 소리로 외쳤다.

"닥쳐! 어떤 강한 마귀도 내 머리털에는 손끝 하나 대지 못한다. 오히려 그놈의 머리털을 남김없이 뜯어버리고 말 거야!"

돈키호테가 이처럼 서슬 푸르게 말하자, 가정부도 조카딸도 감히 대꾸를 하지 못했다.

그러자 돈키호테는 마음이 차츰 가라앉는지, 그 후부터는 쓸데없는 공상을 많이 하는 것 같지는 않았다.

그래서 날마다 놀러 오는 신부와 이발사를 상대로, 즐겁게 이야기를 나누면서 시간을 보냈다. 그렇게 2주일이 지났다. 신부는,

'이 정도라면 구태여 책을 불살라 버리지 않아도 좋았을 걸 그랬군!' 하고 생각하였다.

그러나 실은, 그 동안에 돈키호테는 옆집에 살고 있는 하인을 상대로 당치도 않은 공작을 하고 있었다.

"나를 따라오게. 조금도 두려울 건 없어. 자네에게 절대로 고생을 시키진 않을 테니까. 내가 큰 공을 세워서 어떤 섬이라도 손에 넣게 되면, 자네를 그 섬의 영주로 삼을 거야. 나는 본래 거짓말이라고는 털끝만큼도 못하는 성미야. 자네는 아마도 반드시 영주가 될 것일세."

하인의 이름은 산초 판사였다. 너무 고지식하고 정직한 편이어서 오

히려 좀 어리석은 데가 있었다.

돈키호테가 입이 닳도록 설득을 하자, 산초 판사는 점점 그 말에 귀가 솔깃해졌다. 그래서 드디어 처자식을 남겨 두고, 미치광이 지주의 부하가 되겠다는 약속을 하고 말았다.

돈키호테는 만반의 준비를 갖추고, 산초에게 몰래 떠날 날짜를 알리고는 이렇게 말했다.

"너도 빨리 떠날 준비를 하도록 해라. 아내에게 들키지 않도록 조심해야 해. 그리고 안장에 매달아야 할 가죽 주머니를 하나 준비하도록 해. 거기다 중요한 물건을 넣어야 할 테니까. 알겠지?"

"주인님, 저는 본래 걸음을 잘 걷지 못해요. 말을 타고 가면 안 될까요? 제 당나귀는 꽤 탈 만하거든요."

산초가 물었다.

돈키호테는 한참 생각해 보았다.

그는 옛날부터 기사의 부하가 주인과 마찬가지로 말을 타고 다닌다는 이야기는 읽어 본 적이 없었다. 무엇이든 소설과 똑같지 않으면 직성이 풀리지 않는 돈키호테였지만, 만일 산초가 걸어서는 가지 못하겠다고 버티면 그만이므로 어찌할 도리 없이 허락하기로 하였다.

드디어 출발 날짜가 돌아왔다. 그날 밤에 산초는 아내와 어린 아들에게 아무 말도 하지 않고 몰래 집을 빠져 나왔다.

돈키호테도 가정부나 조카에게 전혀 알리지 않고, 어둠을 틈타 집을 나와 동네를 벗어났다.

두 사람은 밤길을 쉬지 않고 달렸다. 그래서 새벽녘에는 아무도 쫓아오지 못할 만큼 멀리 갈 수 있었다.

'아, 빨리 성주가 되었으면…….'

산초는 생각만 해도 가슴이 두근거렸다. 그는 괴상한 가죽 주머니를 달아맨 나귀 등에서, 마치 대승정이라도 된 것처럼 거들먹거렸다.

돈키호테는 지난번에 갔던 길을 가고 있었다. 그는 신바람이 나서 전과 같이 피로한 줄 몰랐다. 그것은 아직 아침해가 하늘 높이 솟아오르지 않아 서늘했기 때문이기도 하였지만, 그만큼 마음이 들떠 있었기 때문이었다.

산초는 기쁨으로 가슴이 뿌듯하여 입을 열었다.

"주인님, 아니 기사님!"

"왜?"

"약속한 그 섬 말이에요."

"섬이 어쨌다는 거냐?"

"잊어서는 안 돼요."

"암, 염려 말아라!"

"얼마나 큰 섬인지 저는 상상도 못하겠지만, 저 같은 것도 맘만 먹으면 남부럽지 않게 다스릴 수 있겠지요?"

"그야 여부가 있겠나! 산초, 안심해라. 옛날부터 기사란 창 하나로 공을 세워 한 나라의 주인이 되면, 반드시 그 하인을 영주로 삼았던 거야. 나도 이런 관례에 따라 너에게 그렇게 약속한 거야."

"아, 그러세요? 저는 기사님만 믿고 꼭 그렇게 될 걸로 알고 있겠습니다."

"나는 너를 끔찍이 생각해서 그렇게 하기로 작정한 거야. 옛날 기사는 부하에게 갖은 고생을 다 시키고 나서, 그러니까 산이나 들에서 밤잠을 설치면서 숱한 모험을 다 겪은 후에, 20년이나 30년이 지나 나이가 지긋해진 다음에야 그 부하에게 영주나 귀족의 지위를 주었던 거야. 그렇지만, 넌 특별하게 대우해 줄 거야."

"기사님, 감사해요!"

"나는 앞으로 엿새 안에 어떤 왕국을 손에 넣게 될지도 몰라. 그렇게 되려면 모험을 무릅쓸 각오를 해야 해. 너나 나나 목숨만 붙어 있으면, 모든 일이 소원대로 될지도 모를 일이야."

돈키호테는 이렇게 큰소리를 쳤다. 그러자 산초는 황송하기만 하여 맞장구를 쳤다.

"아, 그렇습니까? 그럼, 제가 영주나 귀족이 되는 날에는 제 아내는 귀부인이 되고, 제 아이 녀석은 귀공자가 되겠네요?"

"암, 그렇고말고!"

돈키호테는 힘을 주어 대답하였다. 그러나 산초는 어쩐 일인지 풀이 죽어 이렇게 말했다.

"그렇지만 주인님, 아니 기사님! 일이 그렇게 뜻과 같이 척척 되지는 않을 거예요. 우리 아내가 어디 그만한 자격이 있어야지요. 머리가 아주 나쁘거든요. 그러니 하느님께 부탁해서 그저 웬만큼만 팔자를 고치게 해 주세요!"

"산초, 그것까지 미리 염려할 건 없어. 그건 하느님께 맡겨 두면 돼. 그렇다고 걱정을 미리 해서 주시는 복을 사양할 건 없어!"

"그럼요, 사양을 하다니요? 천만의 말씀입니다."

산초는 어깨를 흔들면서 말했다.

기사의 만용

두 사람이 이렇게 이야기를 주고받으며 걸어가고 있을 때, 바로 앞에 풍차 30여 개가 눈에 띄었다.

그것을 보고 돈키호테가 말했다.

"야, 저것 봐라! 이처럼 행운이 빨리 올 줄이야! 하느님이 도와주시는

구나. 산초, 30명도 넘는 거인이 나타났다. 이제부터 저놈들과 싸워 모조리 처치해 버리겠다. 전리품도 듬뿍 있을 것이다. 저런 악마를 이 세상에서 몰아 내는 것이 정의의 싸움이요, 하느님에 대한 봉사라고 할 수 있어!"

산초는 주인이 무슨 말을 하는지 도무지 알아들을 수가 없었다. 도대체 주인이 말하는 그 거인이라는 것이, 산초의 눈에는 전혀 보이지 않았다. 그래서 그는 주인에게 물었다.

"주인님, 그 거인들이 어디 있습니까?"

돈키호테가 대답했다.

"저것이 안 보여? 저것 좀 봐! 저기, 저 팔이 기다란 녀석들 말이야. 저 팔 중에 어떤 건 무게가 7,8킬로그램이나 나가는 것도 있어."

산초는 주인이 손으로 가리키는 곳을 똑똑히 살펴보고 말했다.

"주인님, 저게 어디 거인입니까? 저건 풍차예요. 나리께서 팔이라고 하는 건 십자(十)로 된 풍차의 날개이고요. 빙빙 돌아서 방아를 찧는 풍차를 잘못 보시고 말씀하시는 겁니다."

그러나 돈키호테는 부득부득 우겼다.

"눈을 크게 뜨고 똑바로 쳐다봐! 저건 분명 거인이야. 너 싸울 생각을 하니 겁이 나는 모양이구나! 그러면 너는 저리 비켜 있어. 내가 혼자서 한바탕 싸우는 동안에, 너는 거기서 기도나 올리고 있거라!"

돈키호테는 말을 마치자마자 로시난테에게 박차를 가하였다.

산초는 그만 당황하여,

"앗, 주인님, 아니 기사님! 그게 어디 거인입니까? 그건 풍차란 말이에요. 주인님, 위험해요!"

하고 목이 터져라 외쳤으나, 돈키호테는 아랑곳하지 않고 풍차를 향해 달려나갔다. 그는 풍차의 팔랑개비 바로 아래까지 가서도 풍차를 알아

보지 못하였다.

"이놈들! 거인이면 다냐? 게 섰거라! 어디로 도망치려는 거냐? 네 상대가 될 사람은 오직, 이 돈키호테 하나뿐이다! 자, 어디 덤빌 테면 덤벼 봐라!"

이렇게 고함을 지르는 순간, 팔랑개비가 바람을 받아 빙빙 돌기 시작하였다.

"이 녀석들, 감히 나에게 덤빌 것이냐? 네놈들의 팔이 몇 개씩 달려 있어도, 그런 걸 두려워할 내가 아니다!"

돈키호테는 이렇게 외치고 나서,

'나의 둘시네아 공주님! 소인을 보호하소서!'

하고 마음속으로 기도를 올린 다음, 창을 겨누고 로시난테를 걷어차며 풍차를 향하여 쏜살같이 덤벼들었다.

창이 '푹!' 하고 풍차에 일격을 가하자, 분명히 거인의 팔을 꿰뚫었다.

그 때 바람이 세차게 불면서 팔랑개비를 한 번 돌렸다. 그 바람에 창은 부러지고, 돈키호테의 몸은 말과 함께 공중으로 휙 날아올라가 저만큼 나가떨어지고 말았다. 산초가 기겁을 하여 뛰어가 보니, 주인은 흙바닥에 고꾸라져 있었다.

"그것 보세요. 제가 뭐라고 했어요? 그건 분명 풍차라고 하지 않았어요? 머릿속이 팔랑개비처럼 빙빙 돌고 있는 사람이 아니고서야, 어떻게 그걸 거인이라고 생각할 수 있어요?"

하고 산초가 말했다.

돈키호테는 그만 화가 치밀어 버럭 소리를 질렀다.

"닥쳐! 기사란 언제 어디서 어떤 일이 생길지 예측할 수 없는 법이야. 이 풍차는 거인임에 틀림없다. 아마도 나의 책과 서재까지 빼앗아 간

저 악마 프레스턴이 거인들을 풍차로 변장시켜 내 승리를 방해했을 게 분명해. 그렇지만 그놈의 마술도 내 칼에 굴복할 때가 있겠지!"

산초는 돈키호테를 일으켜서 로시난테의 등에 태우고, 타비세의 주막으로 달려갔다. 거기 가서 주인을 푹 쉬게 하려는 것이었다.

반면 돈키호테는 거기는 사람이 많은 번화한 곳이라서, 반드시 모험을 할 수 있으리라고 기대하였다.

하지만 창이 부러져서 기분이 몹시 언짢았다.

돈키호테가 말했다.

"하기는 디에 페레스 데바로가스라는 기사도 싸움을 하다가 창을 부러뜨린 적이 있지. 그 용사는 창 대신 참나무 가지를 가지고 적을 수 없이 쳐부수었어. 산초, 그러니 나도 그 용사 못지않게 참나무 가지를 손에 들고 큰 공을 세워야겠다."

"저는 말이에요, 주인님! 주인님의 말은 뭐든지 그대로 믿고 있어요. 그렇지만 주인님, 아니 기사님! 제발 내 눈앞에서만이라도 말 위에 똑바로 앉아 계세요. 몸이 아프더라도 정신을 차리세요. 저는 기사님이 말 등에서 떨어질까 봐 마음이 조마조마해요."

"음, 하긴 그렇겠군. 그렇지만 어디 내가 아프다는 소리 한 마디 했느냐? 너도 이런 내 인내심을 본받아야 해. 설령, 오장육부가 터져 나가는 일이 있더라도, 아프다는 소리를 하지 않는 것이 기사의 본분이란 말이야."

산초는 이렇게 돈키호테와 이야기를 나누면서 걸어가는 동안 배가 고파서 견딜 수가 없었다.

"주인님, 이제 점심이나 먹읍시다."

산초가 말했다.

그러자 돈키호테가 대답했다.

"나는 아무것도 먹고 싶지 않다. 먹고 싶으면 너나 먹으려무나."

사실 돈키호테는 몸이 아파서 아무것도 입에 대고 싶지 않았다. 산초는 가죽 주머니 속에 손을 넣어, 닥치는 대로 집어먹기 시작하였다.

그날 밤, 두 사람은 숲 속에서 밤을 새우기로 하였다.

돈키호테는 창으로 쓸 만한 참나무를 찾아 내어 부러져 나간 창끝을 빼서 다시 끼우고, 밤새도록 둘시네아 공주를 그리워하면서 뜬눈으로 지새웠다.

소설에 나오는 기사들이 산이나 벌판에서 사모하는 공주들을 그리워하면서 뜬눈으로 밤을 지새우는 것처럼, 돈키호테도 그렇게 해 보려는 것이었다.

하지만 산초는 그렇지 않았다. 하루 종일 길을 걸어서 피곤한데다 술까지 먹었으니, 눈을 붙이자마자 곧 깊은 잠에 빠져 버렸다.

날이 밝았다. 돈키호테는 둘시네아 공주를 사모하느라 뼛속까지 공상으로 가득 찼으므로, 아침밥을 먹을 생각도 없었다.

두 사람은 말을 타고 목적지인 타비세 주막으로 달려갔다. 멀리 주막이 보였을 때는, 더위도 한 고비 지난 오후 3시경이었다.

돈키호테가 말했다.

"산초, 저 주막에 가면 마음껏 모험을 맛보게 될 거야. 혹시 내가 위태롭게 되더라도, 상대편이 불량배가 아닌 이상 손을 대서는 안 돼. 알겠지? 불량배라면 나를 도와도 좋지만, 상대편이 기사라면 네가 기사의 자격을 얻을 때까지는 그에게 손을 대서는 안 되는 법이야. 이것이 기사도의 법칙이니까, 그런 줄 알아라."

"예, 잘 알겠습니다. 저는 본시 마음이 약해서 남하고 싸움이라고는 한번도 해 본 적이 없어요. 그렇지만 주인님께 해가 미칠 거라고 생각되면, 기사고 무엇이고 아랑곳하지 않고 저도 한번 싸워 보겠어요."

"네 충성심은 알겠지만, 그건 기사도에 어긋나는 것이다. 기사와 기사가 싸울 때는, 다른 사람은 절대로 참견해서는 안 돼. 그러니까 너는 솜씨를 자랑하고 싶어도 꾹 참아야 해."

"예, 잘 알겠습니다."

두 사람이 이렇게 이야기하면서 길을 가고 있는데, 앞에서 신부 두 사람이 각각 노새를 타고 가까이 다가왔다. 그들이 타고 있는 것은 노새였으나, 돈키호테의 눈에는 망아지로 보였다.

신부들은 색안경을 끼고 양산을 받쳐들고 있었다. 그 뒤로 마차 한 대가 뒤따랐다. 그 마차에는 여행하는 귀부인이 타고 있었다. 그 뒤로 말을 탄 남자 4,5명이 따라오고, 이어서 젊은 마부 두 사람이 걸어오고 있었다.

이 일행과 신부들은 아무런 관계도 없었으나, 돈키호테는 벌써 공상의 날개를 펴기 시작하였다.

"산초, 이것이야말로 하늘이 주신 좋은 기회다. 지금부터 내가 하려는 모험은 후세에까지 길이 남을 것이다. 저기 오는 검은 두 마리의 괴물은, 마차 안에 앉아 계시는 공주님을 훔쳐 오는 것이 분명하다. 고얀놈 같으니, 어디 한번 맛 좀 보아라!"

그러자 산초는 돈키호테를 말렸다.

"안 됩니다. 저건 풍차 때보다 더 불리합니다. 주인님, 잘 보세요! 저건 길을 가는 신부님이고, 마차에는 귀부인이 타고 있어요. 그러니까 조심해야 해요. 주인님은 낙마 때문에 눈이 어두워진 모양입니다."

그러나 돈키호테는 막무가내였다.

"너는 아직 모험이 무엇인지를 잘 모르고 있구나. 내 눈은 속일 수 없어. 아주 정확해!"

돈키호테는 길 한복판을 가로막고 큰 소리로 외쳤다.

"야, 이 녀석들아! 너희들이 훔쳐 가는 그 공주님을 이리 내려놓아라. 그러지 않으면 네놈들은 잔인 무도한 처벌을 받게 될 것이다!"

신부는 깜짝 놀라 말을 멈추어 세웠다. 돈키호테의 차림새나 말씨가 보통 사람으로는 보이지 않았기 때문이다.

"왜 그러십니까? 우리는 하느님의 일을 하는 신부입니다. 우리는 저 마차에 타고 계신 분이 누구이며, 어디로 가는지 전혀 모릅니다."

돈키호테는 더욱 눈을 부라리며 호통을 쳤다.

"그 따위 허튼 수작으로 나를 속이려 하느냐? 나는 네놈들의 정체를 밝히고 말 것이다!"

돈키호테는 얼굴이 벌겋게 달아올라, 이제 상대방의 대답 같은 것은 귀에 들어오지도 않는 모양이었다. 그는 창을 겨누고 로시난테에게 박차를 가하여, 신부에게 달려들었다.

신부는 기겁을 하여 노새에서 급히 뛰어내렸다. 만일 그가 빨리 행동을 취하지 않았더라면, 돈키호테의 창에 찔려 죽었거나 큰 상처를 입었을 것이다.

옆에 있던 신부는 이 광경을 보고 쏜살같이 도망쳐 버렸다. 산초는 자기 주인의 용맹에 감탄하면서, 말에서 뛰어내려 주인의 일을 거들기 위해, 신부의 검은 옷을 벗기려 하였다.

이것을 보고 두 마부가 소리쳤다.

"이 녀석아! 무슨 짓을 하려는 거냐? 미친 녀석 같으니……. 저리 썩 비키지 못하겠느냐!"

이 마부들은 신부가 부리는 사람들이었다.

그러자 산초가 대꾸하였다.

"우리 주인님은 장한 일을 했어. 그 부하되는 내가 전리품을 가지려고 하는 게 뭐가 나빠? 생각 좀 똑바로 해 봐!"

"무엇이 어쩌고 어째? 이게 어디서 굴러먹던 놈이야!"

그 때 돈키호테는 공주에게 인사를 드리려고, 공주가 탄 마차 옆으로 다가갔다. 그 사이에 마부들은 산초를 땅바닥에 메다 꽂았다. 그리고 산초의 턱수염을 잡아당기며, 닥치는 대로 발길질을 하였다.

가엾은 산초는 숨을 헐떡거리다가 그만 기절해 버렸다.

그러자 신부는 급히 노새에 올라타고 뒤도 돌아보지 않고 도망쳐 버렸다. 그러나 돈키호테는 아랑곳하지 않고, 말 위에서 공주에게 정중하게 말을 건네었다.

"공주님이시여! 귀하신 몸을 더럽히려고 했던 악당은 소인이 물리쳤습니다. 소인은 기사 돈키호테라고 하며, 천하에 둘도 없는 미인 둘시네아 공주님께 충성을 다하고 있는 몸이올시다. 바라건대, 나의 공주님이 계시는 엘 토보소에 들르셔서, 그대를 구해 드린 소인의 행동을 그 공주님에게 말씀드려 주십시오!"

귀부인은 어안이벙벙하여 잠자코 있었다. 그러자 마차를 호위하던 한 사나이가 돈키호테 옆으로 터벅터벅 걸어와서, 돈키호테의 창을 붙잡고 이렇게 말했다.

"야, 이 얼간이 녀석아! 얼른 길을 비키지 못해? 마차를 방해하면 그냥 두지 않을 테다."

돈키호테는 사나이를 무식하다고 생각한 나머지 코웃음을 쳤다.

"보아하니, 너는 기사가 아닌 것이 분명해. 만일 기사라면 내 손에 크게 혼날 텐데……. 곱게 물러서라, 무례한 녀석 같으니!"

"야, 이놈 봐라! 네 녀석 하나쯤 때려눕히는 것은 고양이를 집어 물에 던지는 것보다 쉬워. 네 이놈, 칼을 뽑고 싶거든 뽑아 보아라!"

사나이는 한 발짝도 뒤로 물러서려고 하지 않았다. 돈키호테는 큰 소리로 외쳤다.

"그래? 어디 이 칼을 한번 받아 보아라!"

돈키호테는 창을 내던지고 대신 칼을 뽑았다. 그러자 사나이는 깜짝 놀랐으나, 미처 도망칠 틈이 없었다. 그는 마차 속에서 얼른 솜방석을 꺼내어 그걸 방패로 삼고, 자기도 급히 칼을 쳐들었다.

마차 옆에 따라오던 하인들이 큰 소리로 말리려 했으나, 이 사나이도 이제는 극도로 흥분해 있었다.

귀부인은 마차를 길 옆에 세워 놓고, 일이 어떻게 되어 갈 것인가 하며 벌벌 떨고 있었다. 사나이는 돈키호테의 어깨를 힘껏 내리쳤다. 그러자 돈키호테는 방패로 그 칼을 막고,

"오, 나의 공주님이시여! 이 몸을 보호하소서!"

하고 기도하면서 칼을 번쩍 치켜들고 덤벼들었다.

마차 안에 앉아 있는 귀부인과 다른 하인들은 몸을 부르르 떨면서,

"하느님이시여! 우리 하인을 저 미치광이 손에서 살려 주옵소서!"

하고 기도를 드렸다.

신기한 약

두 용사가 휘두르는 칼날이 햇빛을 받아 마냥 번뜩이고 있었다. 사나이가 먼저 돈키호테를 힘껏 내리쳤다. 돈키호테는 하마터면 그 칼날에 찔릴 뻔했다.

그렇지만 칼은 돈키호테를 피해 갔다. 성급한 사나이가 휘두른 칼은 돈키호테의 머리를 살짝 스치고 지났던 것이다.

그러나 돈키호테의 투구가 부서졌고, 왼쪽 귀가 반쯤 잘려 나갔다. 돈키호테의 옷은 엉망이 되었고, 귀에서는 붉은 피가 뚝뚝 떨어졌다.

돈키호테는 재빨리 몸을 일으켜 칼을 번쩍 치켜들더니, 사나운 기세로 사나이의 머리를 내리쳤다. 그러자 사나이의 입과 귀에서 붉은 피가 마구 흘러나와, 사나이는 겁이 나서 망아지 목에 매달렸다.

그러나 망아지가 놀라서 뒷발질을 하는 바람에, 그만 말에서 나가떨어졌다.

돈키호테는 사나이를 한참 동안 노려보더니, 말에서 내려 칼을 겨누고 말했다.

"어서 항복해라! 그렇지 않으면, 네 목을 베어 버리고 말 테다!"

사나이는 정신이 아찔하여 아무 말도 못하였다.

이렇게 되자, 마차에 앉아 있던 귀부인이 급히 돈키호테의 발 아래 무릎을 꿇고 애원하였다.

"기사님, 제발 이 사람의 목숨만은 살려 주십시오!"

그러자 돈키호테는 어깨를 쭉 펴고 말했다.

"아름다운 아가씨가 모처럼 하시는 말씀이니 살려 주기로 하겠소. 그러나 조건이 있소."

"무슨 조건인데요?"

귀부인이 물었다.

"감히, 기사에게 대항한 이 녀석을 엘 토보소 마을까지 끌고 가서 우리 둘시네아 공주님 앞에서 용서를 빌게 해 주십시오."

귀부인은 겁이 나서, 둘시네아 공주가 누구냐고 물어 보지도 않고 그렇게 하겠다고 대답하였다.

그 동안 부들부들 떨면서 주인의 칼싸움을 지켜보던 산초가 입을 열었다.

"역시 우리 주인님은 용감하군요. 이대로 가면, 나도 얼마 후에는 백작이나 영주가 되겠지요?"

"암, 그렇고말고!"

돈키호테가 말했다.

산초는 주인이 또다시 말에 오르려는 것을 보고는 급히 뛰어갔다.

"주인님, 아니 기사님! 이 무서운 싸움에서 얻게 된 섬을 저에게 주실 수 없겠어요? 아무리 큰 섬이라도 저는 충분히 다스릴 자신이 있습니다."

돈키호테는 위엄 있는 목소리로 대답했다.

"산초, 너무 급히 서두르면 못써! 이번 싸움은 모험 축에 끼지도 못해. 다음에 좀더 큰 모험을 겪으면 그 때 가서 너에게 큰 상을 줄 것이다."

산초는 너무 기뻐서 몇 번이나 돈키호테에게 절을 하였다. 그리고 돈키호테를 로시난테에 태우고, 자기는 당나귀를 타고 길을 떠났다.

한참을 가다가 산초는 걱정이 되어 다시 입을 열었다.

"주인님, 아니 기사님! 저 싸움에서 혼쭐난 녀석이 관청에 일러서 우리를 잡으러 올 것만 같아요. 그렇게 되면 우리는 한동안 감옥에 갇혀 고생을 해야 하지 않을까요? 제 생각 같아서는 이렇게 말을 천천히 몰고 갈 때가 아니라, 아무 집에나 들어가 숨는 게 나을 것 같은데요."

그러자 돈키호테는 대뜸 호령을 하였다.

"이 녀석아, 그런 무식한 소리 마라! 세상에 기사가 상대방을 넘어뜨렸다고 해서 감옥에 들어간 예가 어디 있느냐? 어디서 그런 걸 보기라도 했어? 어떤 책에서 읽기라도 했어? 쓸데없는 걱정 말아라!"

"예, 저는 그런 걸 본 일도 읽은 일도 없습니다."

산초는 모기 소리만한 목소리로 대답하였다.

"앞으로 네 녀석이 적에게 겹겹이 포위를 당하는 일이 있더라도, 내가 반드시 구해 낼 테니 걱정 말아라. 그런데 산초야! 이 세상에서 나보다 용기나 인내심이나 무예가 뛰어난 기사 이야기를 읽어 본 적이 있느냐?"

"나리, 저는 그런 책을 한 번도 읽어본 적이 없어서 잘 모르지만, 아무래도 세상에서 주인님보다 훌륭한 기사는 있을 것 같지 않아요. 다만 저로서는, 기사님이 너무 겁없이 상대방에게 마구 달려들어 그게 좀 걱정이에요. 제발 좀 조심하세요! 그리고 방금 말씀드린 바와 같이 감옥에 들어가는 일이 없도록 하세요!"

"그런 쓸데없는 걱정은 하지 말라니까 그러는구나!"

"그럼, 주인님. 제발 그 귀를 좀 치료해야겠어요. 피가 줄줄 흘러서 보기에도 딱해요."

"그 약을 만들면 단 한 방울로 어떤 상처라도 고칠 수 있을 텐데……."

산초는 솔깃하여 급히 물었다.

"예? 대체 무슨 약인데요?"

"난 그 약을 만드는 법을 잘 알고 있어. 그 약만 있으면, 아무리 심한 상처를 입어도 죽을 염려는 없지."

"아, 그래요? 그럼 안심이네요."

"나중에 내가 그 약을 만들어 너에게 줄 테니, 사용하는 방법을 잘 알아 두도록 하여라."

"예, 그렇게 하겠습니다."

"가령, 내가 상대방과 싸우다 내 몸이 두 동강이 나더라도, 피가 마르기 전에 네가 옆에서 솜씨 있게 내 몸을 전과 같이 꼭 맞추고, 방금 말한 약을 나에게 두 모금만 먹이면 거뜬히 낫게 된다. 그렇게 하면, 사과처럼 윤기가 나고 생생한 나를 다시 볼 수 있을 거야."

산초는 탄복하여 말했다.

"세상에 참 별난 약도 다 있군요. 나는 앞으로 영주가 되지 않아도 좋아요. 대신 그 약을 쓰는 방법을 가르쳐 주세요. 돈도 필요 없어요. 그 약만 내 손에 있으면 어디를 가든지, 내 호주머니에는 엄청난 돈이 들어올 테니까요."

"이 녀석아, 기사가 되려는 놈이 그렇게 돈 욕심을 내서는 못써!"

돈키호테는 산초를 가볍게 나무랐다. 그러나 산초는 역시 돈키호테보다 계산이 빠른 편이었다.

"그런데 그 약을 만드는 데 돈이 얼마나 드나요? 그걸 좀 분명히 알아야겠는데요."

돈키호테는 또 놀라운 소리를 하였다.

"뭐, 은화 세 닢만 있으면 약 여섯 되쯤은 만들 수가 있지."

"아, 그래요? 그런데 무엇 때문에 주인님은 진작에 그 약을 만들어 팔아서 부자가 되지 않고 이러고 계세요?"

돈키호테는 눈을 크게 부라리며 산초를 나무랐다.

"이 녀석, 아직도 돈 욕심을 내는군. 기사는 돈을 탐내면 안 된다고 했는데!"

"예, 알겠습니다."

"너한테 좀더 많은 비밀을 가르쳐 줄 날이 있을 테니 잠자코 기다리고 있거라."

"예, 주인님. 처분만 기다리고 있겠습니다."

"그런데, 이 귀 좀 보아 다오. 몹시 쑤시는구나."

산초는 가죽 주머니에서 고약과 헝겊을 꺼냈다. 돈키호테는 투구를 벗으려고 하였다.

그는 이 때, 비로소 자기 목숨보다 더 소중한 투구가 망가진 것을 보고 몹시 원통하게 생각하였다.

돈키호테는 칼 위에 손을 얹고 하늘을 우러러보며,

"하느님이시여!"

하고 무겁게 입을 열었다.

"저 만투아 후작이 조카 발드윈의 복수를 하기 위해 맹세한 것과 똑같은 말로 소인도 맹세하는 바이올시다. 다름이 아니라, 이렇게까지 소인을 모욕하고 이런 폭행을 한 놈에게 마음껏 복수를 할 때까지, 저는 식탁에 앉아 빵을 먹지 않고, 침대 위에서 결코 편안한 잠을 자지 않겠습니다."

옆에서 이 말을 듣고 있던 산초가 머리를 갸우뚱하면서 입을 열었다.

"아니오, 주인님. 그건 좀 다시 생각해 보셔야 하겠습니다. 주인님은 투구를 부서뜨린 놈을 둘시네아 공주님 앞으로 끌고 가라고 명령하지 않았습니까? 그래서 공주님께서 그놈을 적절히 처리하셨을 텐데, 또 무슨 원한이 남아 있다는 말입니까?"

"음, 듣고 보니 네 말이 옳다! 그럼, 복수의 맹세만은 취소하겠다. 그러나 내 투구와 똑같은 것을 다른 기사에게서 빼앗을 때까지는 이 맹세를 지킬 것이다."

"그 따위 맹세는 악마에게나 주는 것이 좋다고 생각하는데요. 몇 해가 지나더라도, 주인님과 같은 투구를 쓰고 가는 기사를 만나지 못하면 어쩌시렵니까? 만투아인가 뭔가 하는 작자의 흉내를 내서 잠을 침대에서 자지 않는다든지, 빵을 입에 대지 않거나 해 보아야, 혼자서 고생만 잔뜩 할 뿐이지요. 주인님, 잘 생각해 보세요. 이 근방의 길을 걷고 있는 것은 마부나 목동들뿐이에요. 그들은 투구가 어떻게 생겼는지도 잘 모르는 사람들입니다. 갑옷을 입은 기사가 이 곳을 지나갈 리가 없지 않아요?"

돈키호테는 고개를 가로저었다.

"아니야, 그건 네가 잘못 생각한 거야. 이 길을 더도 말고 덜도 말고 두 시간만 더 가면, 얼마든지 기사들을 만날 수 있어."

"그래요? 정 그렇다면 할 수 없군요. 어쨌든 일이 소원대로 척척 이루어져서 나는 섬이라도 하나 얻으면 한이 없겠어요."

"그런데 그 이야기는 그 때 가서 하기로 하고, 그 가죽 주머니 속에 먹을 것이 들어 있나 좀 찾아 보거라. 배를 채우고 나서 성이라도 하나 찾아 내어 하루쯤 푹 쉬어야겠다. 그리고 거기 가서 그 약도 만들어야지. 그런데 이거야 원, 배가 고파서 견딜 수가 있나!"

돈키호테는 그 동안에 쌓이고 쌓인 시장기를 한꺼번에 느낀 모양이었다.

산초는 가죽 주머니 속에 손을 넣어서 한참 만지작거리더니,

"이 속에 감자 하나하고 치즈가 몇 조각, 그리고 빵 부스러기가 조금 남아 있군요. 그런데 기사님의 입에 맞을지 모르겠어요."

하고 말했다.

"그런 쓸데없는 걱정은 하지 않아도 돼. 기사라는 것은 보름이고 한 달이고 식사를 거르는 것을 오히려 자랑스럽게 여기는 것이다. 거기 있는 음식으로 충분해. 너도 기사 이야기를 읽었다면 알 수 있겠지만, 성에서 초청을 받아 큰 연회에 참석한 이외에 기사가 식사를 했다는 이야기는 씌어 있지 않아. 그야 물론, 기사도 사람인 이상 굶어 죽을 수야 없지. 그러나 한평생 산이나 들을 돌아다니며 방금 내가 말한 것 같은 빈약한 식사로 만족했던 거야. 그러므로 너는 내 식성까지 걱정할 필요는 없어. 그 가죽 주머니 속에 들어 있는 음식은 기사도에 꼭 맞는 거야."

산초는 멋쩍은 듯이 머리를 긁적이며 말했다.

"주인님, 용서하십시오. 저는 글공부를 전혀 하지 못해서 기사도가

뭔지 몰라요. 그럼, 앞으로 주머니 속에 주인님 몫으로 마른 과실이나 넣어 둘까요? 주인님은 기사이니 그래도 무방하겠지요? 그렇지만, 내 몫으로는 영양분이 많은 음식을 두둑히 넣어 두어야겠어요."

"산초, 뭐 그렇게까지 할 필요는 없어. 내가 뭐 그런 과실만 먹겠다는 것은 아니야. 옛날의 기사들은 산이나 들로 쏘다니니까, 손에 닿는 대로 나무 열매나 뿌리로 끼니를 이어가면서 참았다는 뜻이지."

"아, 그래요? 그렇게 해서 끼니를 때울 수만 있다면 참 편리하겠네요."

산초는 가죽 주머니 속에 남아 있는 음식을 꺼내어 주인과 나누어 먹었다.

그들은 날이 저물기 전에 여관을 찾아야 했으므로 다시 길을 떠나, 한참 만에 양을 기르는 오두막집에 도착하였다. 해는 이미 저물고 어둠이 깃들기 시작하여, 그들은 더 이상 길을 갈 수가 없었다. 그래서 그 오두막집에서 하룻밤 쉬어 가기로 하였다.

산초는 버젓한 여관에서 자지 못하게 되어 기분이 언짢았으나, 돈키호테는 매우 만족스러웠다. 기사란 이런 생활을 자주 해야 덕이 빛나게 된다고 생각했기 때문이다.

숲 속의 음악 소리

양치기는 두 사람을 반가이 맞아들였다. 산초는 로시난테와 당나귀를 나무에 붙들어매고 안으로 들어갔다. 부엌의 커다란 냄비에서는 음식이 부글부글 끓고 있었다. 양고기를 끓이는 냄새가 코를 찔렀다.

양치기는 돈키호테와 산초에게 양가죽을 깔아 주고, 고기를 내놓으면서 사양 말고 많이 먹으라고 권했다. 산초는 주인의 시중을 들기 위해 돈키호테의 옆에 서 있었다.

돈키호테가 말했다.

"산초야, 거기 앉거라. 그리고 나와 같이 식사를 하자꾸나. 다른 기사들은 하인과 한자리에서 식사하는 것을 꺼리지만, 나는 너를 특별히 대접하는 것이다. 약자를 돕는 것이 기사의 본분이거든. 어쨌든 너는 주인을 잘 만났다는 것을 알아야 해!"

돈키호테는 매우 생색을 내었다.

산초가 말했다.

"고마워요, 주인님. 그렇지만 저는 먹을 것만 두둑하게 있다면, 혼자서 식사를 해도 좋아요. 배불리 먹는 것이 임금님과 마주 앉아 배를 곯는 것보다 낫거든요. 식탁에 여럿이 앉아 눈치코치 보면서 칠면조를 먹는 것보다는, 혼자 방구석에 앉아 빵을 먹는 것이 체면도 예의도 차릴 필요가 없어서 마음이 개운하고 더욱 맛있는걸요. 주인님의 친절은 고맙지만, 앞으로는 제게 배불리 먹을 거나 듬뿍 주시고, 편안히 있게 해 주시면 좋겠어요."

"알겠다. 이 녀석, 언제나 제 실속만 차리려고 하는구나. 너는 기사가 되려면 아직도 멀었다. 어쨌든 좋아! 여기 내 곁에 앉아서 식사를 하도록 해라!"

돈키호테는 산초의 팔을 끌어당겨 억지로 자기 옆에 앉혔다.

양치기는 기사니 부하니 하는 어려운 말을 알아듣지 못했다. 다만 두 나그네가 주먹만한 고깃덩이를 볼이 미어지게 먹고 있는 것을 눈이 휘둥그레져서 바라보고 있었다.

양치기는 두 사람이 고기를 다 먹자, 도토리를 가득 내놓았다. 돈키호테는 배가 부르자, 도토리를 한 움큼 쥐고 한참 동안 바라보다가 입을 열었다.

"우리가 황금 시대라고 부르던 옛날은 참으로 살기 좋은 행복한 시대였어. 내가 이렇게 말하는 건, 귀중한 황금을 얼마든지 손에 넣을 수 있었다고 해서 하는 소리가 아니야. 그 시대 사람들은 아직 '네 것'과 '내 것'이라고 하는 게 무언지 몰랐거든. 무엇이든지 함께 소유하고, 남의 물건과 자기 물건을 구별하는 법이 없었지."

산초가 깜짝 놀라 말했다.

"아, 옛날 사람들은 그렇게 바보처럼 살았나요? 저는 처음 듣는 말인데요."

"바보가 뭐야? 그들은 먹고 싶을 때 손만 내밀면 되었어. 이런 도토리 같은 것도 마음대로 얼마든지 먹을 수 있었지. 맑은 샘이 어디나 흘러내려서, 사람들은 깨끗한 물을 마냥 마실 수가 있었어. 사람들은 집을 지을 때에도, 비가 새지 않으면 그것으로 만족했지. 모든 것이 평화롭고 서로 돕고 사랑했어. 아름다운 소년들은 검은 머리를 바람에 휘날리며 이 골짜기에서 저 골짜기로, 또는 이 언덕에서 저 언덕으로 양을 쫓아다녔어. 그들은 몸치장을 전혀 하지 않았지만, 눈부신 비단옷보다 더 아름답게 보였어. 거짓이나 협잡 같은 것은 아무도 몰랐지. 나쁜 짓을 하는 사람이 없었으므로, 마음놓고 어디나 혼자 돌아다닐 수 있었어. 그래서 연약한 소녀일지라도 무서운 것이 없었지. 그런데 지금은 세상이 어떠냐 말이다. 악마는 날로 늘어나고, 사람에게 찰거머리처럼 착 달라붙어 서로 속고 속이는 판이야. 강한 자에게는 아첨하고, 약한 자는 업신여기고, 법도 도덕도 아랑곳하지 않는 사람이 날마다 늘어가고 있어. 그러므로 이 세상에서 악마를 물리치고, 소녀를 보호하며, 고아나 늙은이를 돕고, 가난한 자를 살리기 위해 기사도라는 것이 생긴 거야. 그래서 옛날부터 사람들은 그들이 길을 지나는 것을 보고 마음껏 환영했던 거지. 나도 바로 그런 기사의 한 사람

이야. 그런데 당신은 그런 것을 모르면서도, 나를 이처럼 환대해 주니 무척 고맙소."

돈키호테는 이렇게 한참 열변을 토하였다. 그는 도토리를 보고 황금 시대에 대한 생각을 하다가, 그만 이런 연설조의 이야기를 하게 된 것 이었다.

그러나 아무도 그의 이야기를 귀담아 듣지 않았다. 양치기는 무슨 소 리인지 잘 알아들을 수가 없어 어리벙벙하였고, 산초는 산초대로 말없 이 앉아 있었다.

돈키호테가 그렇게 길게 이야기하는 바람에, 그들은 한참이 지나서야 식사를 마칠 수 있었다.

양치기가 입을 열었다.

"나리, 이렇게 뜻밖에도 귀한 손님을 대하게 되어 기쁘기 한이 없습니다. 기꺼이 당신을 접대하는 의미에서, 우리 동료 중의 한 사람에게 노래를 시켜 당신을 위로해 드리려고 합니다. 그 녀석은 악기도 썩 잘 다루지요. 그리고 글도 읽을 줄 알고요. 지금 막 이웃 동네에 갔으니까 곧 돌아올 거예요."

양치기가 말을 마치자, 어디선가 아름다운 악기 소리가 들려오고, 잠시 후에 스무 살 가량 되어 보이는 얌전한 청년이 들어왔다.

양치기가 청년에게 말했다.

"이 손님에게 한 곡조 들려 드리게! 산 속에도 음악을 아는 사람이 있다는 것을 보여 주고 싶어. 이 손님에게 자네 이야기를 했지 뭔가. 내 말이 거짓이 아니라는 것을 입증하기 위해서라도 한 곡조 뽑게!"

"그렇게 하죠."

청년은 선선히 대답하고, 나무 그루터기에 앉아 곧 악기를 연주하며 노래를 부르기 시작했다.

돈키호테는 한 곡조가 끝나자, 한 곡조 더 하라고 청하였다. 그러나 산초는 졸음이 와서 견딜 수가 없어,

"주인님, 빨리 주무시는 게 좋겠어요. 이 사람들은 하루 종일 일을 하므로 무척 피곤할 테니까요. 노래를 부르며 밤을 새울 수는 없지 않습니까?"

하고 말하였다.

"그렇게 말하는 네 속마음을 알겠다. 음악보다는 잠자는 게 낫다는 말이지?"

"그야, 저뿐만 아니라 누구나 마찬가지겠지요."

"너나 옆으로 드러누워서 자려무나. 나는 잠자는 것보다도 음악을 들으면서 밤을 새우는 편이 훨씬 좋으니까. 그런데 산초야, 내 귀를 다시 좀 보아 다오. 아무래도 더 아픈 것 같구나!"

산초는 돈키호테의 귀를 치료해 주었다. 그것을 보고 있던 양치기가 말했다.

"그렇게 고생하실 것 없어요. 금방 나을 수 있는 약을 발라 드릴게요."

양치기는 그 근방에 있는 어느 풀잎을 뜯어, 한참 씹더니 소금을 섞어 귀에 붙여 주었다.

"이제 곧 나을 거예요. 다른 약은 필요 없어요."

하고 그는 장담하였다. 아니나다를까, 과연 얼마 후에 쑤시던 것이 씻은 듯이 가셨다.

마음의 공주

산초는 로시난테와 당나귀 사이에 드러누워 쿨쿨 코를 골며 잠을 자고 있었다. 그는 말에 채이고 밀려도 잠에서 깨어나지 않았다.

돈키호테는 이야기를 좋아하는 양치기와 마주 앉아 밤이 새도록 떠들어 대다가 상대방이 어느 새 잠들어 버리자, 혼자 멀리 떨어져 있는 둘시네아 공주를 그리워하느라 새벽까지 한잠도 자지 않았다.

새벽녘에 양치기가 동네로 떠나면서 돈키호테에게 함께 가자고 말했다.

"산초야, 이제 그만 일어나 말에 안장을 얹어라!"

돈키호테는 잠든 산초를 흔들어 깨웠다.

산초는 눈을 비비고 일어나,

"무엇 때문에 이렇게 일찍 떠나십니까?"

하고 중얼거리면서 말 등에 안장을 얹어 놓았다. 그리고 양치기들과 함께 일행이 되어 시골길을 걷기 시작하였다.

얼마 안 가서, 일행은 길가는 나그네 두 사람을 만났다. 그들은 말을 타고 있었으며, 풍채도 좋았고 하인을 세 사람이나 거느리고는 돈키호테와 같은 마을로 가고 있었다.

그래서 이들도 함께 일행이 되어 걷기 시작하였다. 나그네 중 한 사람이 돈키호테의 옷차림을 보고 이상하다는 듯이 물었다.

"요즘에는 전쟁도 없고 또 도중에서 불량배를 만날 염려도 없다고 들었는데, 대단한 차림을 하고 계시는군요. 그런데 어느 가장 무도회라도 참석하러 가시는 길입니까?"

돈키호테가 대답하였다.

"아니오. 나처럼 기사도를 지키는 사람은 다른 복장을 해서는 안 됩니다. 몸에 비단을 감고 배불리 먹고 어정거리는 것은, 궁전에서 일하는 사람이나 할 일이지요. 우리네 기사들은 언제나 무기를 갖고 다니면서 고생을 참아야 하거든요. 나는 기사로서 여러 나라를 돌아다니고 있는 중이오."

나그네는 이 말을 듣고 돈키호테를 머리가 돈 사람이라고 생각했다. 그들은 '미치광이도 여러 가지인데, 그 중에서 어떤 종류일까?' 하고 호기심에 사로잡히게 되었다.

"아, 그렇습니까? 이거 미안하게 됐군요. 그런데, 그 기사라는 것은 대관절 무슨 일을 합니까?"

돈키호테가 말했다.

"그렇게 알고 싶다면 말해 드리겠소. 그대들은 저 영국의 역사를 읽어 본 적이 있지요? 알트로 왕의 큰 업적을 알고 있겠지요? 그 왕이 죽고 나서 요술을 부려 까마귀가 되었으나, 오랜 세월이 지난 후에 또다시 사람으로 태어나 국왕의 지위에 올랐어요. 그리고 영국 사람들도 그 임금이 훌륭한 정치를 하리라는 것을 굳게 믿고 있었어요.

우리 기사도는 그 임금이 나라를 다스릴 때 정해진 거예요. 그대들이 보다시피 내가 이렇게 무장을 하고, 위험을 무릅쓰고 황야를 돌아다니는 것은, 목숨을 바쳐서 약한 사람들과 가엾은 사람들을 보호하고 이 세상에서 악을 제거하려는 겁니다."

'하하하…… 이것 참 재미있는 미치광이로군!'

이렇게 생각한 나그네는 빙그레 웃음을 띠었다.

'길 가기가 지루했는데 좋은 구경거리가 생겼군.'

나그네들은 이렇게 생각하고 돈키호테에게 물었다.

"기사님 말씀을 들어 보니 당신이 하는 일은 세계의 어떤 직업보다 제일 엄격하군요. 신부님의 규율도 그렇게까지 엄하지는 않겠지요?"

돈키호테는 위엄 있게 대답하였다.

"그렇소. 기사도란 워낙 엄격한 것이 자랑입니다. 우리는 여름에는 햇볕이 쨍쨍 내리쬐는 아래서 땀을 흘리며 몸을 단련하고, 겨울에는 손발도 얼어붙는 얼음 위를 뛰어다니며 무예를 익히지요. 세상을 보호하는 것이 기사의 임무니까요. 신부들과는 분야가 전혀 다르지요. 편안히 집 안에 앉아 약한 자를 도와 달라고 기도나 드리면 신부의 임무는 끝이 나지만, 우리는 그렇지 않아요. 기사란 땀을 흘리며 적과 싸우고, 산과 들에서 잠을 자며, 모든 고생을 달게 받고, 굶주림과 목마름을 참아 가며 정의를 위해 힘써야 합니다. 때로는 적에게 습격을 당할 각오를 해야 하므로, 여기에 대해서도 만반의 준비가 필요합니다. 옛날에도 기사들은 일생을 두고 수행을 하면서 많은 고난을 겪었고, 창 한 자루로 왕위에 오르기도 하고 영주가 되기도 했어요. 그건 고난을 달게 받으며 피와 땀을 흘린 대가지요."

"그렇지만 기사도 중에도 칭찬받지 못할 점이 더러 있는 것 같은데요. 가령, 목숨을 건지기 어려운 위험 속에 뛰어들 때, 사모하는 공주를 하느님같이 생각하고 마음속으로 간절히 기도를 드린다고 하지 않아요? 하느님에게 기도를 드리지 않고, 사람에게 기도를 드린다는 것은 아무래도 기독교인답지 않은 소행이라 생각하는데요."

돈키호테는 얼굴을 찌푸리면서 말했다.

"마음속으로 공주를 사모하여 위험을 무릅쓰는 것은 기사도의 정신입니다. 자기 목이 날아갈지도 모르는 순간에, 자기의 몸과 마음을 바치는 공주의 이름을 부르는 것이 뭐가 나쁘단 말이오? 그것은 기사의 의무이기도 해요. 어떤 기사의 전기에도 그렇게 씌어 있어요. 그렇다고 기사가 신의 이름을 부르지 않는 것은 아니에요. 칼을 서로 맞대는 순간에도 하느님을 부르는 경우가 얼마든지 있어요."

"그래요? 그래도 내가 생각하기에는 아무래도 공주의 이름이 먼저 새어 나오게 될 것 같군요."

나그네가 약간 빈정거리는 투로 말했다.

그러자 돈키호테가 말했다.

"옛날부터 동경하는 공주가 없는 기사는 있을 수가 없었소. 하늘에는 반드시 별이 떠 있는 것처럼, 기사에게는 반드시 마음의 공주가 있는 법이오. 만일 이런 공주를 갖지 않은 기사가 있다면 그것은 가짜요. 그 자는 기사의 이름을 팔아서 기사도를 좀먹는 기생충이나 다름없어요."

"그래요? 그럼, 당신에게도 반드시 사모하는 공주가 계시겠군요. 어떻습니까? 그 분의 이름이나 신분이나 용모를 한번 우리에게 말씀해 주실 수 없겠어요? 당신이 마음속으로 사모하는 그 공주의 이야기를 듣고 싶군요."

"그렇게 원하신다면 이야기해 드리지요. 내가 사모하는 공주의 이름은 '둘시네아' 라고 하며, 나라는 '라 만차', 동네는 '엘 토보소', 신분은 '나의 여왕'이니 아주 고귀하지요. 얼굴의 아름다움이란 이 세상 사람이라고 볼 수 없을 정도입니다. 머리카락은 황금빛이고 눈썹은 무지갯빛, 이마는 천국의 꽃동산 같지요. 그 눈은 태양입니다. 뺨은 장미꽃, 입술은 산호, 목은 수정, 손은 상아, 아니 도저히 말로써는 어떻다고 말할 수가 없소!"

돈키호테가 손을 내저으며 말했다.

나그네가 물었다.

"그렇다면, 그녀의 집안이나 신분을 좀 더 자세히 말씀해 주실 수 없나요?"

"말씀해 드리지요. 우리 공주님의 집안은 저 로마 제국의 글시오 가, 또는 소피온 가에서 나온 것도 아니고, 기사도가 한참 번성하던 시대의 고로나 가의 혈통도 아니오. 세상에 유명한 집안이 많지만, 그 어느 혈통도 아닌 라 만차의 엘 토보소 가입니다."

그러자 나그네가 다시 물었다.

"엘 토보소 가는 처음 듣는 이름인데요?"

"그건 당신의 식견이 좁기 때문이오. 후세에 반드시 그 이름을 날리게 될 것이오. 내 무용담을 읽으면, 내 말이 사실임을 인정하게 될 것이오."

이야기가 차츰 무르익어 감에 따라, 양치기들도 열심히 귀를 기울이며 따라가고 있었다. 그러나 돈키호테의 말을 처음부터 끝까지 다 듣고는,

'아무래도 이 사람은 좀 이상한데…….'

하고 의심스럽게 생각하였다.

다만 산초만이,

'아마 그렇게 되겠지.'

하고 생각하고 있을 뿐이었다.

그러나 산초도 둘시네아 공주의 이야기만은 어딘가 의심스럽게 생각되었다. 엘 토보소는 자기가 살고 있는 마을의 바로 옆 동네인데, 그렇게 아름다운 여자를 본 적이 없었기 때문이다.

이렇게 이야기를 나누면서 길을 가다 보니, 어느 새 마을에 도착하였다.

돈키호테와 산초는 일행과 작별하고, 어디로 간다는 목표도 없이 새로운 모험을 찾아 길을 재촉하였다.

가엾은 패잔병

돈키호테와 산초는 숲 속으로 마냥 들어갔다. 숲 속을 두 시간 이상 돌아다니다가, 넓은 풀밭에 들어섰다.

시냇물이 맑게 흐르고 있었다. 푸른 잎사귀들과 맑은 시냇물은 마치,

"좀더 있으면 한창 더워질 것이니 우리 옆에서 쉬었다 가세요."

하고 두 사람을 손짓하여 부르는 것 같았다.

돈키호테와 산초는 말에서 내려 로시난테와 당나귀를 풀밭에 놓아 주었다. 로시난테와 당나귀는 뜻하지 않은 싱싱한 먹이가 생기자 무척 좋아하였다. 두 사람은 풀밭에 앉아서 가죽 주머니에 손을 넣어 식사 준비를 하였다.

산초는 로시난테를 묶어 두어야 한다는 것을 깜박 잊어버렸다. 그는 로시난테가 성질이 온순하기도 하거니와, 너무 말라빠져 뛰어다닐 기력도 없을 것 같아 마음을 푹 놓고 있었다.

그러나 악마는 여기에도 악착같이 쫓아다니며 짓궂게 장난을 치는 모양이었다. 그 길에는 마부들이 10여 마리나 되는 짐 끄는 말을 끌고, 돈

키호테와 똑같은 길을 지나가고 있었다. 그들은 꽤 먼 곳에 말을 세우고 있었는데, 그 말들 중에 암말이 몇 마리 섞여 있었다.

로시난테는 바람결에 그 암말의 냄새를 맡고,

'풀밭에서 저 말들과 놀고 싶다.'

하고 생각했는지, 주인에게 알려 주지도 않고, 코를 벌름거리며 암말 옆으로 뛰어가 치근거리기 시작했다.

그러나 상대방 말은 풀을 뜯어먹고 싶은 생각뿐이었다. 더구나 어디서 왔는지도 모르는 로시난테같이 말라빠진 말은 거들떠보지도 않았다.

그러다가 말들은 로시난테에게 달려들어 발로 차고 깨물고 하며 공격을 하였다. 로시난테는 허리끈이 끊어지고 안장이 날아가서, 마치 벌거숭이가 되어 버린 것 같았다.

이 광경을 본 마부들은 로시난테를 몽둥이로 때리고 발길로 걷어차서, 로시난테는 가엾게도 그만 땅바닥에 쓰러지고 말았다.

한편, 배가 잔뜩 불러서 나무에 기대어 잠을 자려던 돈키호테와 산초는 이 난리 통에 깜짝 놀라 눈을 떴다.

돈키호테가 말했다.

"산초야, 저 녀석들은 기사가 아니라 마부나 불량배인 모양이다. 이제 내가 로시난테의 원수를 갚아야 할 터이니, 너도 수고를 해야겠다."

"주인님, 원수를 갚는다고요? 당치 않은 말씀입니다. 주먹깨나 쓰는 녀석들이 20명도 넘는데 이 쪽은 두 사람뿐입니다. 아니 하나 반뿐입니다."

돈키호테는 어이가 없다는 듯이 산초를 바라보았다.

"너는 반 사람 몫을 하지만, 나는 천 사람 몫을 한다. 그러니 두려울 것이 하나도 없다!"

두 사람은 급히 뛰어갔다. 돈키호테가 칼을 뽑아들자, 산초도 주인을 따라 무딘 칼을 뽑아들었다.

그러자 20명이 넘는 마부들은 손에 몽둥이를 들고, 돈키호테와 산초를 삥 둘러싸고는 닥치는 대로 후려갈겼다.

먼저 산초가 쓰러졌다. 이어서 돈키호테도 로시난테 옆에 산초와 나란히 쓰러졌다. 마부들은 무참히 쓰러진 두 사람을 남겨 두고 떠나 버렸다.

얼마 후에 먼저 정신을 차린 산초는 주인도 자기와 함께 쓰러져 있는 것을 발견하고, 깜짝 놀라 거친 목소리로 불렀다.

"주인님, 돈키호테 님!"

돈키호테는 한참을 꿈틀거리다가 눈을 비비고 일어나 물었다.

"산초야, 어떻게 된 거냐?"

돈키호테의 목소리는 모깃소리만 하였다. 산초가 물었다.

"주인님, 저도 그 약을 두어 모금 마시고 싶은데요. 상처가 낫는 약이라면, 뼈가 부서진 데에도 효과가 있겠지요?"

"음, 이거 유감인걸! 마침 갖고 있는 게 없구나. 그런데 산초야! 운수가 사납지 않았더라면, 나는 이틀 안으로 반드시 그 약을 손에 넣었을 텐데……. 그 약을 발라야지, 그렇지 않으면 내 몸도 결단날 것 같구나."

"그럼, 약을 손에 넣을 때까지 우리는 이렇게 뒹굴고 있어야만 하나요? 허리뼈도 쓰지 못하면서 어떻게 약을 먹을 수 있어요?"

"글쎄 말이다. 나도 어떻게 해야 좋을지 얼른 생각이 나질 않는구나. 산초야, 이번 일은 나의 큰 실수였다. 상대가 기사도 아닌데, 결투를 시작한 것이 내 불찰이었어. 내가 기사도에 어긋나는 짓을 한 탓으로 군신이 나에게 벌을 내린 거야. 그러니 산초야, 아까처럼 내가 무식한

놈들과 맞서게 되면, 너는 내가 칼을 뽑기를 기다리면서 꾸물거려선
안 돼. 그럴 경우에 나는 절대로 칼을 뽑지 않을 테니까. 앞으로는 너
혼자 싸우란 말이다. 나한테 일일이 허락받을 필요 없어.”

“제가 어떻게 혼자 싸워요?”

산초가 불안한 얼굴로 물었다.

“내가 뒤에 있지 않느냐? 염려할 것 없다니까!”

“만일 상대방을 도우려는 기사가 나타나면요?”

“그 때는 내가 나서지. 나의 솜씨는 네가 이미 잘 알고 있지 않니? 나
는 한 칼에 천 사람이라도 때려눕힐 수 있어.”

어제 있었던 격투가 돈키호테의 마음을 상당히 북돋아 준 모양이었
다. 그러나 산초에게는 돈키호테의 말이 별로 신통치 않게 들렸다. 돈키
호테는 여전히 힘없이 가느다란 목소리로 말했다.

“산초야, 좀더 가까이 오너라. 말하기도 힘이 드는구나. 그렇지만 이
렇게 숨이 가쁜데도 너한테는 이야기해야겠다. 우리는 지금까지 바람
을 안고 온 셈이지만, 앞으로는 바람을 등지고 가야겠다. 그러므로 너
한테 약속한 섬도 쉽사리 손에 들어올 것이다. 그 때 너를 섬의 성주
로 삼는 것이 어떨까 한다. 그런데 무엇보다도 너한테 기사도 정신이
없는 것이 걱정이다. 남에게 모욕을 당해도 복수할 엄두도 나지 않으
면, 성주가 될 수 없단다. 게다가 정복한 영지의 백성들은 좀처럼 새
영주에게 고분고분 복종하려 들지 않는 법이야. 그러므로 백성들에게
이번 영주는 훌륭하다고 믿게 하고, 나라에 어떤 큰 사건이 일어나도
진압할 수 있는 용기가 있는 것으로 믿고 따르도록 해야 해.”

“저에게 그런 이야기를 미리 들려주셨더라면, 아까 좀더 기운을 내어
활약했을 텐데요. 이제는 내 몸의 어디를 눌러도 용기라고는 손톱만
큼도 나올 것 같지가 않아요. 그런데 주인님, 나는 주인님으로부터 그

런 이야기를 듣는 것보다, 빨리 약을 마시는 편이 나을 것 같아요. 어디 좀 일어나 보세요. 전혀 움직일 수 없나요? 기운을 내서 일어나 보세요!"

그러나 돈키호테는 꼼짝도 하지 않았다.

산초는 계속 말했다.

"로시난테는 일으킬 필요도 없어요. 저는 여태껏 저 말이 그렇게 미련한 놈인 줄은 미처 생각 못했어요. 나처럼 온순한 줄 알았지요. 세상에 믿을 것이라고는 하나도 없군요. 어제는 우리가 상대편에게 무서운 칼맛을 보여 주었는데, 오늘은 몽둥이 세례를 받다니……. 세상일이란 조금도 마음을 놓을 수가 없군요."

이 말을 듣고 돈키호테가 산초에게 말했다.

"산초야, 네 등은 이런 몽둥이 벼락을 맞아도 별것 아니겠지만, 비단이나 리넨에 감겨 자라온 나에게는 너보다 고통이 한결 심하다. 내가 소설에서 이런 재난도 기사에게는 흔히 있는 일이라는 이야기를 읽지 않았더라면, 아마도 지금쯤 나는 울화병이 나서 죽어 갈 것이다."

"뭐라고요? 이런 고생이 기사에게는 보통이라고요? 그렇다면 이런 일은 언제나 닥쳐온단 말인가요? 아니면 닥쳐오는 때가 정해져 있나요? 하느님이 특별한 은총을 베풀어 주신다면 모를까, 이런 재난이 또다시 닥쳐온다면 목숨을 부지하기가 어려울 거예요."

"산초야, 여러 나라를 돌아다니게 마련인 기사에게는, 많은 위험이나 불행이 정말로 수없이 닥쳐오는 거야. 나는 기사에 관한 책을 많이 읽어서 잘 알고 있어. 옛날부터 기사는 누구를 막론하고 다 그랬던 거야."

돈키호테의 말을 듣고, 산초는 더럭 겁이 났다.

"이거, 아무래도 저는 주인님을 잘못 따라나선 것 같습니다."

"왜, 겁이 나느냐? 그래, 영주가 되는 게 떡 먹듯 쉬운 줄 알았느냐?"

"하지만 언제 모가지가 날아갈지도 모르는 일인데요?"

"사람은 누구나 한번 죽는 거야. 목숨이 아까워 벌벌 떨면 더욱 빨리 죽게 된다."

"이것 참, 갈수록 태산이라더니……."

산초는 머리를 긁적였다.

돈키호테는 계속 말을 이었다.

"산초야, 네가 또 알아 두어야 할 것이 한 가지 있다. 기사도의 규칙에 의하면, 기사가 상대방에게서 매를 맞았다 하더라도, 그것은 모욕을 당한 게 아니라는 거다. 알겠어? 얼마 전의 싸움에서 우리가 매를 맞았으나, 그것은 조금도 모욕을 당한 게 아니야. 왜냐하면, 녀석들의 손에 들려 있던 것은 몽둥이일 뿐이었고 무기는 아니었으니까. 녀석들 중에서 칼을 갖고 있는 놈은 아무도 없었어. 안 그래?"

"저는 거기까지는 미처 알지 못했어요. 저는 칼을 손에 댈 사이도 없이 놈들의 몽둥이로 얻어맞았어요. 그러자 눈에서 불이 번쩍하고 다리가 휘청거리면서 그만 쓰러지고 말았어요. 놈들이 휘둘러 대는 몽둥이가 어찌나 매서운지, 그 아픔이 등뿐 아니라 마음속까지 스며들어 잊으려야 잊을 수가 없어요."

"시간이 지나면 다 잊어버리게 마련이다. 그리고 죽어 버리면 모든 것이 다 사라지게 된다."

"왜 이러십니까? 지금 농담할 때가 아니잖아요? 고통을 잊기 위해 죽어야 하다니, 내가 불쌍하지도 않나요? 내가 지금 당하는 이 아픔이 그 신기한 약 몇 모금으로 깨끗이 낫는다면 모를까, 지금으로 봐서는 세상의 고약을 다 붙여도 나을 것 같지가 않아요."

"산초야, 그렇게 약한 소리를 하는 게 아니야! 네 몸 안에서 용기를 끄집어 내야 해. 내가 직접 보여 줄 테니 용기를 내서 나를 본받도록 하거라."

그러나 산초는 도무지 용기가 나지 않았다.

돈키호테는 말을 이었다.

"빨리 로시난테를 돌봐 주어야겠다. 아무래도 이번 재난에서는 저 녀석이 제일 많이 얻어맞은 모양이야."

"로시난테는 갈비뼈가 부러졌는데, 이상하게도 제 당나귀는 아무 데도 다치지 않은 것 같아요."

"운명이란 다 그런 거란다. 재난이 닥쳐와도 반드시 도망칠 구멍을 마련해 주는 거야."

돈키호테는 이렇게 말하고, 큰기침을 한 번 하고 나서 말을 이었다.

"내가 왜 이런 말을 하는지 알아? 네 당나귀에 나를 태우고 내 상처를 치료할 만한 성으로 데려갈 수 있게 되었으니 말이다. 그러기 위해 운명이 네 당나귀를 그 흉악한 놈들의 손아귀에서 벗어나게 했던 거야."

"제 당나귀보다는 로시난테가 부상을 당하지 말아야 했는데……."

"모든 일이 그렇게 인간의 뜻대로 되는 게 아니야. 내가 당나귀를 타는 것이 안쓰러워서 그러느냐? 기사가 당나귀를 탄다고 부끄러울 건 하나도 없다. 옛날에 시렌이라는 기사는 당나귀를 타고, 큰 도시 한복판에 들어가면서 자랑스러운 듯이 웃었단다."

"그렇지만 당나귀를 타는 데도 종류가 있어요. 당나귀를 얌전히 똑바로 타는 것과, 쌀가마니나 숯 보따리처럼 엎혀 있는 것과는 많은 차이가 있거든요."

그러자 돈키호테는 화를 버럭 냈다.

"닥쳐! 기사가 싸움에서 상처를 입는 것은 조금도 부끄러울 게 없다.

부끄럽기는커녕 오히려 명예로운 일이다."

"예, 잘 알겠습니다."

산초의 목이 안으로 움츠러들었다.

"산초야, 용기를 내어라! 어서 일어나서 나를 당나귀 등에 올려 다오. 이 거친 허허벌판에서 또 무슨 일이 생길지 모르니, 날이 저물기 전에 어서 떠나야 해!"

"예, 그렇게 합지요. 저는 언젠가 주인님께서, 기사란 일년 내내 산이나 들에서 자고 깨는 것을 큰 명예로 생각해야 한다는 말씀을 잊지 않고 있어요."

"그건 여관에 들어가서 잠잘 수 없을 경우이다. 그럴 경우에는 일 년 동안 줄곧 바위 위에서 자고, 비바람에 몸을 내맡길 수밖에 없어. 그러나 그것은 특별한 경우야. 산초야, 이제 이야기는 그만하고, 로시난테에게 닥쳐온 재난이 이 당나귀에게도 닥치기 전에 어서 빨리 이 곳을 떠날 준비를 해라."

"만일, 그런 일이 생긴다면 그야말로 큰 재난인데요."

산초는 주인을 부축하여 당나귀 등에 올려놓기 위해 자리에서 일어나려고 했으나, 다리가 말을 듣지 않았다.

그래도 이를 악물고 간신히 일어났다.

그런데 이번에는 허리를 펼 수가 없었다. 그래서 허리를 활 모양으로 굽히고, 당나귀 등에 안장을 올려놓았다. 그리고 나서, 이번에는 로시난테를 일으켜 세웠다. 만일 이 말이 사람에게 말을 할 수 있었다면, 아마도 자기가 당하는 고통을 호소하였을 것이다.

이제 모든 준비를 마쳤다.

산초는 주인을 간신히 부축하여 당나귀 등에 올려놓고, 한 손으로 로시난테를 끌며 터벅터벅 걷기 시작하였다.

그러자 운이 좋았는지 곧 큰길이 나타났다. 그리고 얼마쯤 가다 보니 한 채의 여관이 눈에 띄었다.

"성이 나타났구나!"

돈키호테는 고개를 번쩍 쳐들며 말했다.

"성이 아니라 여관이에요."

산초가 말했다.

"아니, 저건 분명히 성이야!"

"그렇지 않다니까요. 분명히 여관이에요!"

"네 고집도 어지간하구나. 글쎄, 성이라니까 그러네."

"누가 고집쟁이인지 알 수가 없군요. 저건 분명히 성이 아니에요."

이렇게 옥신각신하는 사이에 두 사람은 여관 앞에 다다랐다.

산초는 더 이상 주인과 말다툼을 하고 싶지 않아, 당나귀와 로시난테를 얼른 여관 마당으로 끌고 들어갔다.

어둠 속의 난투극

여관 주인은 당나귀의 등에 힘없이 매달린 돈키호테를 보고 틀림없이 병자일 거라고 생각하였다. 산초는 여관에서도 받아 주지 않으면 큰일이라는 생각에,

"병자가 아니에요. 바위에서 굴러 떨어져, 갈비뼈를 조금 다쳤을 뿐이에요."

하고 거짓말을 하였다.

그러자 마음씨 좋은 주인 아주머니가 밖으로 뛰어나왔다. 이 아주머니는 가엾은 사람을 보면, 도저히 그냥 지나치지 못하는 사람이었다.

주인 아주머니는 딸과 하녀까지 데리고 나와, 돈키호테를 들어다 다

락방에 눕혔다. 그 방에는 보잘것없는 침대가 놓여 있었다.

그것은 말이 침대이지, 의자 두 개에 널빤지를 올려놓고 낡아빠진 이부자리를 깔아 놓은 것이었다.

이 다락방에서는 마부가 한 사람 자고 있었다. 이 사람은 널찍하게 자리잡고, 돈키호테의 침대보다 좀 나은 침대에 드러누워 잠들어 있었다.

이윽고 주인 아주머니가 하녀와 함께 등불을 갖고 다락방으로 올라왔다. 그녀는 온몸이 멍든 기사를 보고, 곧 아래층에 가서 고약을 가져다가 발라 주었다.

"어머나, 어디서 호되게 매를 맞았군요."

주인 아주머니는 혼잣말처럼 중얼거렸다.

"천만에요, 매를 맞다니요?"

산초는 변명을 하였다.

"그래, 매를 맞지 않고서야 어떻게 온몸이 이처럼 시퍼렇게 멍들어요?"

주인 아주머니가 반문하였다.

"바위에서 떨어졌다니까요. 워낙 바위가 우툴두툴해서 이렇게 여러 군데 다쳤어요."

"아, 그러세요?"

주인 아주머니는 그래도 어딘가 미심쩍다는 듯이 상처를 유심히 들여다보았다.

산초가 말했다.

"아주머니, 미안하지만 고약이 더 있으면 나한테도 좀 발라 주세요."

"아니, 그럼 당신도 이 양반과 함께 바위에서 굴러 떨어졌나요?"

아주머니가 눈을 크게 뜨고 물었다.

"아녜요, 난 떨어지지 않았어요. 주인님이 바위에서 거꾸로 떨어지는 바람에, 어찌나 놀랐던지 와락 뛰어가 안아 올리다가, 나까지도 그만 몸이 으깨져 이 지경이 되었어요."

"어머나, 저런!"

어느 새 주인 아주머니의 딸이 옆으로 오며 말을 받았다.

"나도 그와 비슷한 경험을 한 적이 있어요. 언젠가 잠을 자다가 높다란 탑에서 굴러 떨어지는 꿈을 꾸었는데, 어찌나 놀랐던지 잠에서 깨어나 보니 정말 탑에서 떨어진 것처럼 몸이 뻐근하지 뭐예요?"

이 딸은 못생긴 주인 아주머니와는 달리 얼굴이 예쁘장하였다. 산초는 옆에 예쁜 아가씨가 와서 조잘거리자 기분이 좋아졌다.

"그야 있을 법한 이야기지요. 나는 꿈을 꾼 게 아니라, 눈뜨고 당한 일이라 그런지, 바위에서 굴러 떨어진 주인 어른보다 상처가 더 심한 것 같아요."

"이 나리 이름이 돈……. 뭐라고 했지요?"

하녀가 물었다.

하녀의 생김새는 정말 괴상했다. 얼굴은 널빤지 같고, 목은 자라목같이 짤막하고, 코는 들창코였다. 거기다 한쪽 눈은 찌그러지고, 나머지 눈은 고래 눈을 하고 있었다.

또, 발끝에서 머리끝까지 불과 1미터밖에 되지 않는데다, 등에 살이 뭉쳐 있어 마치 곱사등이 같은 모습을 하고 있었다.

산초는 하녀가 주인의 이름을 묻자, 기분이 좋아졌다.

"라 만차 돈키호테라고 부릅니다. 기사님 중에서도 손꼽히는 훌륭한 분이시죠."

"기사님이 뭐예요?"

"아니, 기사가 뭔지도 몰라요? 그러고 보니 당신도 어지간히 무식하군요. 그럼 내가 설명할 테니 잘 들어 봐요. 기사란 모험을 업으로 하는 사람으로서, 쉽게 말하여 남에게 몽둥이로 얻어맞은 덕분에 임금이 되는 분을 말하는 거예요. 오늘은 세계에서 제일 불행한 처지에 있어도, 내일이면 왕국 같은 것을 하나 둘쯤 부하에게 나누어 줄 수 있는 훌륭한 사람이지요."

"그래요? 알아모셔야겠군요."

하녀가 깍듯이 말했다.

"그렇게 훌륭한 사람의 부하라면, 지금은 벌써 어떤 곳의 영주쯤은 되어 있어야 하는 게 아닌가요?"

주인 아주머니가 묻자, 산초가 대답하였다.

"아직은 일러요. 모험을 찾아 길을 떠난 지가 아직 한 달 남짓밖에 되지 않았거든요. 오늘까지 한번도 모험을 해 보지 못했어요. 주인님이 바위에서 굴러 떨어진 상처가 낫기만 하면, 내 몸의 아픔도 가시고 머지않아 좋은 수가 생길 테지요."

돈키호테는 이런 이야기를 옆에서 가만히 듣고만 있었다. 그리고 무슨 생각이 들었는지 침대 위에서 억지로 일어나, 주인 아주머니의 손을 잡고 이렇게 말했다.

"소인을 반가이 맞아 주신 인자하신 왕비님이시여! 소인이 누구인지도 모르면서 집에 묵게 해 주신 그대는 참으로 친절하신 분입니다. 소인은 오늘 밤에 왕비님이 소인에게 베푸신 친절을 죽어도 잊지 않겠습니다. 만일 소인에게 이미 마음의 공주가 생기지 않았더라면, 저의 눈앞에 계시는 저 아름다운 소녀를 존경하는 공주로 삼았을 것을……."

주인 아주머니와 딸은 돈키호테가 무슨 말을 하는지 전혀 알아들을 수가 없었다. 그래서 어떤 먼 나라 이야기를 하는가 보다고 생각하였다.

그러나 돈키호테가 자기들에게 감사하고 있다는 것만은 틀림없이 알 수가 있었다.

그래서 주인 아주머니는 무슨 말로 어떻게 대답할까 하고 잠시 망설이다가 얼굴을 붉히고,

"원, 천만의 말씀입니다."

하고 흔히 사용하는 인사치레의 말로 대답한 후에, 그대로 방에 남아 있기가 거북하여 밖으로 나갔다.

하녀는 방에 그대로 남아 산초의 상처를 치료해 주었다. 산초도 돈키호테 못지않은 심한 상처를 입고 있었다.

산초는 하녀가 자기 몸에 고약을 발라 주자마자 침대 속으로 기어들어갔다. 몸은 지칠 대로 지치고, 팔다리가 쑤시고 갈비뼈가 아파서 아무리 잠을 자려고 해도 잠이 오지 않았다.

옆에 놓인 침대에 누운 돈키호테도, 산초와 마찬가지로 온몸이 쑤시고 아파서 눈을 토끼눈처럼 말똥말똥 굴리며 잠들지 못하고 있었다.

밤은 점점 깊어갔다. 넓은 벌판에 오도카니 서 있는 단 한 채의 여관에는, 쥐 소리조차 들리지 않았다. 여관 입구에 등불이 하나 켜져 있기는 했으나, 주위는 온통 캄캄하였다. 그러므로 공상하기에 알맞은 시간이었다.

돈키호테의 머릿속에 계속해서 떠오르는 것은, 전에 기사 소설에서 읽었던 여러 가지 장면이었다. 돈키호테는 그 여러 가지 장면들이 모두 자기의 일로 생각되었다.

그의 공상 속에서는 그 여관도 커다란 성으로 둔갑하였다. 그리고 천장 틈으로 별이 보이는 다락방은 호화로운 성의 응접실로 보였다. 널빤지로 된 침대는 황금 침대요, 다 떨어진 담요는 비단 이부자리이며, 여관 주인은 성주요, 주인 아주머니는 왕비, 딸은 공주였다.

"오, 마음씨 아름다운 이 성의 공주님이시여!"

돈키호테는 혼자 중얼거렸다.

"언제나 내 마음속에 살아 계셔서 별처럼 반짝이는 내 등대가 되어 주십시오."

그 때 방 입구에서 발자국 소리가 조용히 들려왔다.

'아, 인자하신 공주님께서 내 몸의 상처가 염려되어, 나를 위로하려고 오시나 보다.'

돈키호테는 가슴을 두근거리며 고통을 억지로 참았다. 그는 온몸에 고약을 바르고 몸을 일으켜 침대 위에 앉았다.

돈키호테는 어둠 속에서 환영의 손길을 쑥 내밀었다. 그러나 그의 두 팔에 안긴 것은 그가 생각한 공주가 아니라, 찌그러진 눈에 돼지 목을 한 뚱뚱한 하녀였다.

세상에 둘도 없는 추녀인 하녀는, 방 한구석에서 자고 있는 마부에게 부탁 받은 것을 가지고 오는 길이었다. 그런데 마룻바닥이 편편하지 못해 넘어지면서 돈키호테의 팔에 안겼던 것이다.

그 때 돈키호테에게는 하녀의 투박한 옷자락이 최고의 비단으로 생각되었다. 그리고 당나귀의 털보다도 더 뻣뻣한 그녀의 머리카락은 〈아라비안 나이트〉의 이야기 속에 나오는 황금의 실로 생각되었다. 또한 그녀의 입김에서 풍기는 마늘 냄새는 산뜻한 향수 냄새로 느껴졌다.

하녀는 기겁을 했으나 남이 들을까 봐 소리를 지를 수가 없었다. 돈키호테는 그녀의 손을 꼭 잡고 의젓한 목소리로 말했다.

"고귀하고 아름다운 공주님이시여! 이 밤중에 소인의 몸을 염려하시어 이렇게 찾아 주시니, 무어라고 감사의 말씀을 드려야 할지 알 수가 없나이다. 소인 같은 선량한 사람을 괴롭힌 운명의 신은 지금 이 침대에서 소인의 몸을 떠나지 못하게 합니다. 오늘 밤, 소인은 공주님과 함께 이야기를 나누면서 밤을 지새우고 싶지만, 그렇게 할 수가 없어 유감입니다. 인자하신 공주님, 저의 처지를 부디 이해하시고 용서해 주시기 바랍니다."

하녀는 더 이상 참을 수가 없었다. 그녀의 온몸에서는 비지땀이 마구 흘러내렸다.

그녀는 돈키호테의 손을 힘껏 뿌리치려고 하였다.

한편, 마부는 아까부터 하녀가 오기를 기다리고 있었다. 하녀가 방문을 여는 소리도 들었다. 그런데 어떻게 된 영문인지 옆에서 웬 사나이가 이상한 소리로 중얼거리고 있었다.

"이 녀석, 무슨 짓을 하고 있는 거야?"

마부는 버럭 소리를 질렀다.

그리고 자기 침대에서 일어나 돈키호테의 침대 옆으로 슬금슬금 다가가서, 힘껏 뺨을 후려갈겼다.

"이 녀석, 맛 좀 봐야 알겠구나. 어디서 놀던 놈이야?"

돈키호테는 마부의 주먹 세례를 받아, 입 안이 온통 피투성이가 되었다.

그래도 마부는 직성이 풀리지 않는 모양이었다. 나자빠진 돈키호테의 가슴에 재빨리 올라타서, 달음박질할 때보다도 더 빨리 다리를 놀려 닥치는 대로 돈키호테를 밟아 댔다.

그러자, 가엾게도 돈키호테의 갈비뼈 하나가 부러졌다. 동시에 임시로 만든 침대의 가운데가 무너져, 돈키호테는 마룻바닥에 나동그라지고 말았다.

이 소리에 여관 주인이 잠에서 깨어났다. 그는 침대에서 후닥닥 일어나, 등잔에 불을 켜고 다락방으로 급히 뛰어올라왔다.

하녀는 이것을 재빨리 알아채고, 성미가 급한 여관 주인이 무서워 얼른 돈키호테의 침대 밑으로 뛰어들어가 뚱뚱한 몸뚱이를 공보다도 더 둥글게 굽히고 숨었다.

이 소동을 부리는 바람에 겨우 눈을 붙인 산초도 잠에서 깨어났다. 하녀의 몸은 부서진 침대 밑에서 빠져 나와, 반쯤 산초의 몸 위에 엎혀 있었다.

산초는 무서운 꿈을 꾸어 가슴이 답답한 줄로만 알았다. 그래서 닥치는 대로 주먹을 휘둘렀다. 그 바람에 하녀는 하도 얻어맞아 아파서 견딜 수가 없었다.

결국 하녀는 시골 여자의 본성을 드러내어 산초를 마구 때리기 시작했다.

"아야야, 이게 누구야?"

산초는 완전히 잠에서 깨어나,

"음!"

하고 침대에서 몸을 일으켰다.

그는 자기에게 주먹을 마구 휘두르며 덤벼드는 적에게 대들었다. 그러자 하녀도 지려고 하지 않았다. 그리하여 두 사람은 '우당탕 쿵쾅' 하면서 세상에서 보기 드문 진기한 격투를 벌이기 시작하였다.

마부는 여관 주인이 들고 있는 불빛으로 이 광경을 보고는, 하녀를 돕기 위해 산초에게 덤벼들었다.

"이놈아, 여자에게 함부로 손찌검하는 놈이 어디 있어?"

마부가 주먹으로 산초를 한 대 때렸다.

"이봐, 손님에게 손찌검을 하는 데가 어디 있어?"

여관 주인은 마부와 하녀를 동시에 나무랐다. 그 때 불이 확 꺼졌다.

그러자, 캄캄한 어둠 속에서 또다시 난투극이 벌어졌다. 마부는 산초에게, 산초는 하녀에게, 여관 주인은 마부에게…….

누가 적이고 자기 편인지 분간할 수 없을 정도로, 그들은 한덩어리가 되어 이리 뒹굴고 저리 뒹굴며 치고 받고 하였다.

네 사람의 8개의 손발이 계속 왔다갔다하는 통에, 그 방에 있던 가구는 하나도 남김없이 박살이 나고 말았다.

그 때 마침 경비원들이 이 여관 아래층에 묵고 있었다.

직책이 경비원인 만큼 그들은 곧 방망이를 쥐고 어둠 속의 격투장으로 뛰어왔다.

"우리는 당국에서 왔다. 다들 조용히 해라!"

이렇게 말한 경비원의 발에 채인 것은, 돈키호테의 몸뚱이였다. 경비원들은 돈키호테의 수염을 휘어잡고,

"이 녀석, 뭘 낑낑거려!"

하고 고함을 쳤다.

그러나 돈키호테는 낑낑거리기는커녕 꼼짝달싹도 하지 않았다. 경비원은 돈키호테가 분명히 죽은 것으로 알고,

"엇! 이 방안에 있는 녀석들이 이 자를 죽였구나!"

하고 더욱 큰 소리를 질렀다.

"여관 문을 닫아걸어라! 한 녀석도 밖으로 내보내서는 안 돼. 여기 사람이 하나 죽었어!"

경비원이 이렇게 외쳐 대는 바람에, 여관 주인과 마부, 그리고 하녀는 기가 질려 슬그머니 밖으로 나가 버렸다.

불쌍한 산초

돈키호테는 겨우 숨을 돌렸다. 그는 어제 숲 속에서 몽둥이로 얻어맞았을 때와 마찬가지로, 모기만한 소리로 산초를 불렀다.

"산초야, 너는 아직도 자고 있니?"

"잠이 다 뭐예요?"

산초가 화가 나서 대답하였다.

"오늘 밤에는 이 세상의 악마가 모조리 나한테 달려든 모양이야. 이건 사실이야. 이 성은 분명히 악마의 성이야. 그렇지만 산초야, 지금 내가 당하는 일을 아무한테도 말해서는 안 돼. 비밀이니 꼭 지켜야 돼. 알았지?"

"저도 아무에게도 알리고 싶지 않아요. 비밀은 물론 지키지요."

"참으로 괴상한 사건이 나에게 닥쳤구나. 얼마 전에 이 성의 공주님이 나한테 오셨단 말이야."

"예? 공주님이요?"

산초는 다그쳐 물었다.

"그래, 공주님이 말이다. 아마도 악마는 그 행운이 샘이 났던 모양이야. 어디서 나타났는지 사나운 거인의 주먹이 내 뺨을 후려갈겨 집안을 온통 피투성이로 만들어 버렸지 뭐냐?"

"저런……."

"어제 내가 당한 것은 비교할 것도 못 돼. 아무래도 저 공주님에게는 악마가 달라붙어 있는 모양이야."

"예, 맞아요. 저도 40명이나 되는 녀석들한테 죽도록 얻어맞았어요. 어제의 몽둥이 같은 것이야 이것에 비하면, 마치 떡으로 등을 맞은 것밖에 되지 않아요."

"아니, 너도 당했느냐?"

돈키호테는 눈이 동그래져서 되물었다.

"다 주인님 덕분이에요. 주인님은 당치도 않은 일을 훌륭한 모험이라고 하시니 그게 탈이에요. 그게 주인님에게는 달가운 일인지 모르지만, 저는 생전 처음으로 뭇매를 얻어맞았으니 이런 딱할 데가 어디 있습니까?"

"너도 호되게 당했구나!"

"매를 맞는 것이 저의 본분인가 봅니다."

"내가 곧 그 약을 만들어 줄 테니 너무 상심하지 말아라."

그 때 경비원들이 등불을 들고 시체를 살펴보기 위해 가까이 왔다. 산초가 그들을 바라보니, 저마다 속옷 바람에 머리에 수건을 동여매고, 얼굴을 잔뜩 찡그리고 있었다.

산초가 돈키호테에게 말했다.

"주인님, 저건 분명히 악마의 부하들입니다. 우리에게 이렇게 욕을 보이고도 모자라 또 나타난 모양이에요."

"그렇지는 않겠지. 악마가 달라붙으면, 사람의 눈에는 보이지 않는 법이란다."

"아니, 분명 악마의 부하입니다! 등이 서늘해지는 것으로 보아 잘 알수 있어요."

"내 등도 마찬가지지만, 그것만으로는 증거가 충분하지 못해."

경비원들이 옆으로 다가왔다. 그들은 두 사람이 누워서 이야기하는 것을 보고 깜짝 놀랐다.

"너희들은 죽지 않았느냐?"

한 경비원이 큰 소리로 물었다.

그러자 돈키호테가 호통을 쳤다.

"거, 무슨 말버릇이 그 따위냐? 무례한 녀석 같으니. 기사에 대해서 그 따위로 입을 놀리는 것이 이 고장의 풍습이냐?"

경비원은 보기에도 너절한 촌사람한테 이렇게 호통을 듣자, 화가 치밀었다. 그래서 그는 기름이 가득 들어 있는 등불을 높이 쳐들어, 돈키호테의 머리를 힘껏 내리쳤다. 그리고는 캄캄한 방 안을 돌아보지도 않고 그냥 휙 나가 버렸다.

돈키호테는 머리에 또다시 큰 상처를 입었다.

산초가 말했다.

"그것 보세요. 내가 뭐라고 했습니까? 저 녀석은 분명 악마의 앞잡이예요."

"하긴, 그럴지도 모르지."

"그럴지도 모르지가 아니라 분명히 그래요!"

돈키호테는 의젓한 태도로 말했다.

"그러나, 이만한 일에 화를 내거나 마음을 약하게 가져서는 안 돼. 악마란 눈에 보이지 않기 때문에, 아무리 화가 나도 복수할 수가 없거든."

"이것 참 큰일났네요!"

산초는 걱정이 태산 같았다.

"산초야, 네가 몸을 일으킬 수만 있다면, 내가 시키는 대로 해 다오. 그 약을 만들려면 올리브 기름과 포도주와 소금, 그리고 오래 된 향이 있어야 해. 그러니 네가 성주님한테 부탁해서 그걸 좀 얻어 오너라. 지금 당장 필요해!"

산초는 뼈가 부러져 몸이 아팠지만, 꾹 참고 자리에서 일어나 어둠 속을 더듬거리면서 여관 주인을 찾았다. 그 때 어떤 사람과 딱 마주쳤는데, 방 안의 형편을 살피러 온 경비원이었다.

그를 보자, 산초가 말했다.

"누구신지 알 수 없으나, 저에게 올리브 기름과 소금과 술과 향을 조금 주실 수 없겠습니까?"

"그건 뭘 하게?"

경비원이 물어 보았다.

"그것은 이 세상에서 제일 존귀한 기사님의 병을 고치는 데 꼭 필요한 물건입니다. 기사님은 지금, 악마의 앞잡이한테 큰 상처를 입고 침대에 누워 계십니다."

'세상에 별일 다 보겠네. 이 녀석은 좀 모자라는 녀석인가 보다.'

경비원은 이렇게 생각했으나, 마침 날이 밝기 시작했으므로 문을 열고 여관 주인을 불렀다.

산초는 여관 주인에게 조금전 경비원에게 한 것과 똑같은 청을 하였다. 여관 주인은 말없이 산초에게 올리브 기름과 소금, 포도주, 그리고 향을 내주었다.

산초는 그것들을 받아들고 얼른 돈키호테에게로 돌아왔다. 돈키호테는 머리를 싸매고 끙끙 앓고 있었다.

"아니, 왜 이러십니까?"

산초는 깜짝 놀라 돈키호테에게 다가갔다. 머리에는 혹이 조금 위로 솟아 있었을 뿐이었는데, 이번에는 피 대신 식은땀을 줄줄 흘리고 있었다.

돈키호테는 약의 재료를 산초에게 받아서 한데 섞어 뒤범벅을 만든 후에, 한참 불에 태웠다.

"조그만 병 하나를 얻어 오겠니?"

돈키호테가 산초에게 말했다.

그러나 시골 여관에 그런 병이 있을 리가 없었다. 그래서 산초는 여관 주인에게 부탁하여 빈 깡통을 얻어다가 돈키호테에게 주었다.

돈키호테는 약을 그 깡통에 넣고, 한참을 엎드려 기도를 하면서 열심히 성호를 긋고 있었다.

돈키호테는 곧 그 약의 효과를 시험해 보려고 깡통에 넣고 남은 것을 단숨에 반쯤 마셔 버렸다. 약은 뱃속에 들어가기가 무섭게 큰 효력을 나타내기 시작했다.

뱃속이 뒤집힐 듯이 메스꺼웠고, 먹은 것을 모조리 토해 버렸다. 어찌나 힘이 들고 메스꺼운지 온몸이 땀으로 흠뻑 젖었다.

돈키호테는 숨이 넘어가는 듯한 목소리로 산초에게 말했다.

"담요로 내 몸을 싸 줘!"

산초가 담요로 돈키호테를 덮어 주자, 그는 정신없이 잠 속으로 빠져들었다.

세 시간쯤 잤을까, 눈을 뜨니 돈키호테는 그처럼 아프던 몸이 씻은 듯이 개운해지고, 뼈가 쑤시던 증세도 없어졌다.

"내가 만든 약은 틀림이 없어. 이것이야말로 신약이야! 이 약만 있으면 어떤 싸움도 두려울 것이 없다."

하고 말했다.

돈키호테는 약의 효력을 믿었다. 산초도 돈키호테의 몸이 빨리 나았기 때문에 깜짝 놀랐다. 그래서 돈키호테가 먹다 남은 약을 자기도 마셔 버렸다.

약은 즉시 효력을 나타내기 시작했다.

산초는 돈키호테와 똑같이 속이 메스꺼웠다. 그러나 불행하게도 산초의 위장은 돈키호테만큼 튼튼하지 못한 모양이었다. 위장이 뒤집히는 것 같고, 가슴이 답답하고, 식은땀이 폭포수처럼 흘러내렸다.

마침내 산초는 눈이 뒤집히면서 죽음이 임박한 것처럼 생각되었다. 그는 너무 괴로워 마구 고함을 질렀다.

"흥, 신약이라고? 이런 고약한 약이 세상에 어디 있어? 이 따위 약은 악마에게나 주어 버려!"

돈키호테가 조용히 말했다.

"옳아, 그렇지! 산초는 기사가 아니니까 그런 고통을 받는 것이다. 아마, 이 약은 기사 이외의 다른 사람에게는 별로 효력이 없는 모양이야!"

"그러면 그렇다고 먹기 전에 말해 주었어야지요?"

산초는 투덜거렸다.

결국, 산초는 뱃속에 있는 것을 모조리 토해 내고 말았다.

산초는 하도 힘들어 깔고 있던 돗자리도, 뒤집어쓰고 있던 모포도 모두 팽개쳐 버렸다. 산초는 계속 토해 내면서 자기 몸을 쥐어뜯고, 진땀을 뻘뻘 흘리다가 그만 까무러쳐 버렸다.

옆에서 이 광경을 보고 있던 사람들은,

"이제 그만이로구나!"

하고 단념하였다.

이런 고통은 두 시간 넘게 계속되었다.

산초의 뱃속은 텅 비었으나, 주인처럼 아픔이 가시지는 않았다. 그는 지칠 대로 지쳐 일어날 기력조차 없었다.

그러나 아픔이 씻은 듯이 나은 돈키호테는, 기사다운 모험을 할 궁리를 하고 있었다.

'우물쭈물하다가는 악마나 운명에게 먹혀 버려!'

그는 이렇게 생각하였다.

돈키호테는 손수 로시난테의 등에 안장을 얹고, 산초가 타는 당나귀 등에 안장을 올려놓고는 죽어 가는 산초에게 옷을 입혀 주었다. 그는 부하인 이 말썽꾸러기를 당나귀 위로 밀어 올리고, 자신도 로시난테에 올라탔다.

여관 구석에 조그마한 창이 하나 있었다. 돈키호테는 여관 주인에게 그 창을 헐값에 사서 손에 들고 마당으로 나왔다.

여관에 묵고 있던 사람들은 돈키호테의 이 진기한 출발을 구경하고 있었다.

돈키호테는 말 위에서 인사를 하였다.

"성주님, 그 동안 많은 폐를 끼쳤습니다. 이 은혜는 소인이 평생을 두고 잊지 않겠습니다. 만일 앞으로 성주님께 무례한 짓을 하는 놈이 있으면, 소인은 그 은혜를 갚기 위해 어디서든지 급히 달려와 복수를 해 드리겠습니다. 그러니 언제든 그런 일이 생기면 저에게 연락을 해 주십시오. 힘이 약한 자를 돕고, 악한 자들에게 시달리는 자를 대신 복수해 주고, 이 세상에서 간사하고 악독한 행위를 없애 버리는 것이 소인의 임무올시다. 앞으로 무슨 일이든 소인에게 부탁하면, 기사도의 체면을 위해서라도 소원을 풀어 드리겠습니다."

여관 주인은 터져 나오려는 웃음을 간신히 참으며 대답하였다.

"천만의 말씀! 그런 것까지 당신의 신세를 지고 싶진 않아요. 당신의 손을 빌지 않더라도, 그런 복수쯤은 나 혼자의 힘으로 충분히 할 수 있답니다. 그런 걱정보다도 숙박비나 지불하고 가시지요. 식대와 방값, 그리고 말 두 마리 분의 보리와 짚값을 지불해 주셨으면 합니다."

이 말을 들은 돈키호테는 눈이 휘둥그레지면서,

"뭐, 숙박비라고? 그러면 내가 머문 곳은 성이 아니라 여관이란 말인가요?"

하고 물었다.

"아니, 이제 알았소?"

"나는 여태까지 성에 묵고 있는 줄만 알았소. 그러나 숙박비를 지불할 수 없소. 기사도의 규칙을 어기면 큰일나오. 옛날부터 여러 나라를 순행하는 기사는, 여관에 들어도 숙박비는 물론 아무것도 지불하는 일이 없었소. 겨울의 추위와 여름의 더위, 목마름과 배고픔을 참고 모든 고통과 부자유함을 견디며 모험을 하고, 몸과 마음을 단련하는 것이 기사이므로 그 정도의 후대를 받는 것쯤은 당연한 일이잖소."

여관 주인은 화가 벌컥 치밀었다.

"그런 어리석은 소리는 집어치워요! 기사도니 뭐니 하는 잠꼬대 같은 소리는 듣기도 싫어요. 어서 돈이나 내놓으시오. 손님을 재우면 숙박비를 받는 것은 당연한 일이니까."

"기사를 알아보지 못하는 어리석은 녀석 같으니라고!"

돈키호테는 이 말을 남기고, 겨드랑이에 창을 낀 채 여관을 급히 나섰다. 그는 산초가 뒤따라오는 줄만 알고 뒤도 돌아보지 않았다.

여관 주인은 돈키호테를 따라가려는 산초를 가로막고, 숙박비를 내라고 대들었다.

산초는 큰 소리로 고함을 질렀다.

"뭐, 날더러 숙박비를 내라고? 주인이 안 내는 돈을 하인이 내는 법이 어디 있어요? 이래 봬도 나는 당당한 기사의 부하요. 그러므로 나도 기사의 규칙에 따라 동전 한 닢 낼 수 없어요."

여관 주인은 화가 머리끝까지 치밀어올랐다.

"이 녀석, 뭐가 어쩌고 어째? 이 주먹으로 기어이 받아 내고야 말겠다!"

그러자 산초도 서슬이 시퍼레서 맞대꾸를 하였다.

"죽어도 낼 수 없어! 기사도의 미풍을 내가 깨뜨린대서야 말이 되나. 앞으로 세상에 나올 기사의 부하에 대해서도 면목이 없는 일이지."

운수가 사납게도 그 때 여관에 묵고 있던 사람들은 싸움을 좋아하는 불량배들뿐이었다.

"어럽쇼, 요것 봐라!"

불량배들은 산초를 당나귀 등에서 끌어내렸다. 그들은 산초를 붙들어

모포 위에 올려놓고 헹가래를 쳤다.

"사람 살려!"

산초는 목이 터져라 고함을 쳤다.

멀리서 말을 달리던 돈키호테의 귀에도 이 소리가 들렸다. 그는 그 고함 소리가 부하 산초의 것임을 알아채고, 곧장 말머리를 돌려 여관으로 돌아왔다.

그러나 문이 닫혀 있어 안으로 들어갈 수가 없었다. 여관 주위를 돌아보니, 얕은 돌담이 여관을 삥 둘러싸고 있었다.

돈키호테가 말 위에서 뒷마당이 보이는 곳에 이르렀을 때, 그의 눈에 띈 것은 산초의 가련한 모습이었다. 공중에 던져져서 새파랗게 질린 산초의 얼굴은 딱해서 차마 볼 수가 없었다.

돈키호테는 하도 화가 치밀어, 말 위에서 몸을 부들부들 떨었다. 그는 급히 담을 뛰어넘으려 하였으나, 아직도 **뼈**마디가 아파서 말에서 쉽게 내릴 수가 없었다.

그래서 담 밖에서 큰 소리로 욕설을 퍼부었다.

그러나 돈키호테가 이 정도로 위협을 한다고 해서 물러날 사람들이 아니었다. 그들은 계속해서,

"하나, 둘!"

하며 산초를 공중에 던져 올리면서 낄낄거리며 떠들었다.

마침내 그 일도 시들해지고 또 지쳐 버렸는지 그들은 산초의 당나귀를 끌고 와서, 까무러친 산초를 안장 위에 올려놓았다.

마음이 좋은 하녀는 어젯밤의 원한도 잊어버리고, 산초에게 냉수를 떠다 주었다.

"고맙소."

산초는 겨우 인사를 하였다. 그리고 그 물을 마시려고 했을 때,

"산초야, 물을 마시면 안 돼!"

하는 돈키호테의 목소리가 들려왔다. 산초는 물에서 얼른 눈을 떼었다. 돈키호테는 계속 말했다.

"목숨이 위태로운데 물을 마셔서는 안 돼! 내가 그 약을 갖고 있는 것을 잊었느냐? 자, 이걸 조금만 마시면 너는 곧 낫는다."

돈키호테는 약을 산초에게 내보였다.

산초는 원망스러운 눈을 하고 외쳤다.

"주인님, 큰일날 소리 하지 말아요. 제가 기사가 아니라는 사실을 잊으셨어요? 어제는 먹은 것을 다 토해 냈는데, 그걸로 부족해서 또 그 약을 먹으라는 겁니까? 그 따위 약은 악마에게나 주어 버리세요. 나는 필요 없어요!"

산초는 이렇게 말하면서 물을 입에 대었다. 산초는 갑자기,

"이건 물이잖아. 포도주를 가져와!"

하고 큰 소리로 말했다.

마음 좋은 뚱보 하녀는 자기 돈으로 값을 치르고, 포도주를 가져다 주었다.

산초는 그 포도주를 단숨에 들이키고 옆문으로 뛰어나갔다.

어젯밤부터 계속해서 봉변을 당했지만, 돈이라고는 한 푼도 내지 않았으니 대성공이었다. 그러나 산초는 여관 주인이 자기 가죽 주머니를 몰래 꺼낸 것을 모르고 있었다.

양 떼 무찌르기

산초는 지칠 대로 지쳐서 한 걸음도 떼어 놓을 수가 없었다. 돈키호테가 입을 열었다.

"산초야, 아무래도 저 여관에는 요술쟁이가 살고 있는 것 같구나. 아까 너를 그렇게 만든 사람은 이 세상 사람이라고 볼 수가 없다. 왜냐고? 내가 너를 구하려고 했으나, 팔다리가 뒤틀려 담을 넘을 수가 없었고, 말 등에서 뛰어내릴 수도 없었으니 말이다. 아무래도 그 녀석들이 요술을 부린 모양이야. 내가 그 돌담을 뛰어넘었더라면, 너를 꼭 구해 냈을 텐데……."

"저도 그 때, 녀석들에게 복수를 하고 싶었어요. 상대가 기사든 아니든 간에 저야 상관이 없잖아요. 그런데 저를 죽이려던 녀석들은, 내가 보기에는 요술쟁이 앞잡이도 아니고 유령도 아니었어요. 나리께서 말에서 내리지도 못하고 담을 뛰어넘지도 못한 것은 저놈들이 요술을 부렸기 때문이 아니라, 나리의 몸이 아팠기 때문이에요. 아무래도 우리가 찾고 있는 그 모험이라는 것은, 우리에게 무서운 재난만 안겨 줄 뿐인 것 같아요. 이러다가는 팔 다리가 온통 마비되어, 어느 것이 왼쪽에 붙어 있고, 어느 것이 오른쪽에 붙어 있는지도 모르게 되겠어요. 그러니, 나리! 지금은 밭에서 보리를 벨 때도 되었고 집안 살림도 생각해야 하니, 일단 집으로 돌아갑시다."

산초는 집 생각이 간절하였다. 그러나 돈키호테는 고개를 옆으로 저었다.

"산초야, 너 무슨 말을 그렇게 하느냐? 조금만 참아라. 기사로서 사방을 돌아다니며 덕을 쌓는 것이 얼마나 명예로운 일인지 알게 될 때가 반드시 올 것이다. 전투에 이기는 맛이란 그 무엇과도 바꿀 수가 없거든."

"잘 알 수는 없지만, 나리께서 정 그렇다고 하시면 좀더 참아 보기로 하지요. 그런데 지금까지 모험을 해 왔지만, 이긴 적은 단 한 번밖에 없었어요. 그나마도 마부 녀석 때문에 나리의 귀는 절반이 없어지고 말았어요. 그 후부터는 줄곧 얻어맞기만 하고, 이 모양 이 꼴이 되었어요. 나리께서 말씀하시는 그 명예라는 것이 과연 귀한 것인지 저는 아직 잘 모르겠어요."

산초가 이렇게 말하자, 돈키호테는 한결 부드러운 말씨로 부하를 달래었다.

"산초야, 아닌게아니라 지금까지는 너나 나에게 억울한 일만 계속되었다. 이래서는 안 되지. 그래서 나는 좋은 일을 생각해 내었단 말이야."

"좋은 일이라니요?"

산초가 물었다.

"그건 좋은 칼을 얻는 것이다. 좋은 칼만 얻으면 어떤 놈이든 단번에 무찌를 수 있으니까……."

이렇게 두 사람이 이야기를 주고받으며 길을 가는 도중에, 돈키호테의 눈에 이상한 광경이 보였다. 길 저편에서 먼지가 구름처럼 뭉게뭉게 솟아오르면서 그들을 향하여 가까이 다가오고 있었다.

"산초야! 오늘이야말로 운명이 나를 위해 남겨 둔 행복의 날인가 보다. 역사에 길이 빛날 공을 세울 때가 돌아온 거야! 저 먼지 속에서 수천 명의 기사가 쳐들어오고 있구나!"

"뒤에서도 먼지가 나는 것을 보니, 군대가 두 패로 나뉘어서 오는 모양이군요."

산초가 말했다.

돈키호테는 다시 눈여겨 바라보았다. 과연 산초의 말대로였다.

분명히 이 허허벌판에서 큰 전투가 벌어질 태세였다.

그러나 두 패의 군대로 보인 것은, 우연히 이쪽 저쪽에서 같은 길을 오는 양의 무리였다.

그러나 무엇이든 기사 소설과 결부시키는 돈키호테에게는 분명히 대군이 진군해 오는 것으로 보였다.

돈키호테와 산초는 언덕으로 올라갔다. 돈키호테는 공상의 범위를 넓혀 갔다.

"저기 보이는 황색 갑옷은 라브엔드의 성주, 용감한 라울갈고이다. 아마도 소녀의 발 아래 구부리고 관을 쓴 사자를 방패의 무늬로 하고 있을 것이다. 그리고 또 한 사람은 황금의 꽃 장식을 한 갑옷을 입은 기사도, 유명한 그리스의 공작 코그런브임에 틀림없어! 푸른 바탕의 은관을 방패의 무늬로 하고 있지. 그 오른쪽을 달리는 손발이 큰 기사는 3대 아라비아 영주 데보이체이다! 그는 두려운 것을 모르는 호걸이지. 다음에는 이쪽으로 눈을 돌려라. 이쪽 앞에 선 사람은 뷔스카의 왕 디모네르이다."

돈키호테는 이렇게 자기 머리에 떠오르는 대로 기사의 이름을 주워섬 겼다.

"저쪽 군대에는 여러 나라 사람들이 모여 있어. 아라비아 사람, 페르 시아 사람, 시리아 사람, 또는 입술에 구멍을 뚫은 에티오피아 사람까 지 참가하고 있지. 이쪽 군대에는 에스파냐 사람, 이탈리아 사람, 그 러니까 말하자면 유럽 연합군이야."

돈키호테는 거짓말투성이 야담 소설에서 외운 기사의 이름과 나라 이 름을 신이 나서 주워섬기고 있었다.

산초는 어리벙벙하여 마치 여우에게 홀린 것처럼 눈을 크게 뜨고 흙 먼지 속을 자세히 살펴보았다. 그러나 기사라고는 한 사람도 눈에 보이 지 않았다.

"나리, 나는 아무래도 여우에게 홀린 모양입니다. 나리께서 말씀하시 는 그 기사와 거인이 제 눈에는 도무지 보이지 않습니다."

"뭐야? 너는 저 군마의 울음소리며 나팔소리, 북소리가 하나도 들리 지 않는단 말이냐?"

"예, 들리지 않아요. 제 귀에는 아무래도 양이 우는 소리 같은데요." 그건 사실이었다. 양 떼는 이미 가까이 와 있었다.

"산초야, 너는 지레 겁부터 먹기 때문에 잘 보이지 않는 거야. 정 그 렇게 무서우면, 어디 남의 눈에 띄지 않는 곳에 숨어 내 솜씨를 한 번 구경해 보렴!"

돈키호테는 이렇게 말하면서 로시난테에게 박차를 가하고, 창을 겨누 면서 언덕을 급히 뛰어 내려갔다.

산초는 더럭 겁이 났다.

"주인님, 진정하세요! 나리가 덤벼들려는 것은 양 떼예요. 나리, 좀 잘 보세요. 거기에는 키다리 거인도 용사도 없어요. 무늬도 방패도 없어요. 잘 보세요!"

산초가 말린다고 돌아설 돈키호테가 아니었다.

"자, 덤벼 봐라!"

돈키호테는 크게 외치면서 양 떼를 향하여 뛰어들어갔다.

그는 마치, 큰 원수나 만난 것처럼 닥치는 대로 양들을 무찌르고 있었다.

그러자 양치기들이 기겁을 하여 소리를 질러 댔다. 그것이 제정신이 아닌 돈키호테의 귀에는 적의 고함 소리로밖에 들리지 않았다.

양치기들은 저마다 허리에 찬 주먹만한 돌을 돈키호테에게 마구 던지기 시작하였다. 그러자 돈키호테는 더욱더 용감해져서 적을 향하여 맹렬히 덤벼들었다.

그 때, 돌 한 개가 날아와 돈키호테의 옆구리를 맞혔다.

"음, 다쳤군!"

돈키호테는 약이 든 깡통을 꺼내어 마시기 시작하였다. 그런데 절반도 마시기 전에, 먼저보다 더 큰 돌이 날아와 손과 깡통에 맞았다.

돈키호테는 화가 머리끝까지 치밀어 창을 비껴들고 덤벼들었다.

그 때 또 돌이 날아와, 이번에는 돈키호테의 입을 맞혔다. 그 바람에 돈키호테는 땅바닥으로 굴러 떨어졌다. 양치기들은 이것을 보자, 곧 흩어진 양 떼들을 모아 뒤도 돌아보지 않고 달아나 버렸다.

산초가 헐레벌떡 뛰어와 보니, 돈키호테는 정신을 잃고 쓰러져 있었다. 산초가 말했다.

"그것 봐요, 제가 뭐라고 했습니까? 군대가 아니고 양 떼라니까 아니라고 부득부득 우기시더니 이렇게 당했잖아요? 제가 얼마나 말렸어요?"

"산초야, 저 녀석들은 역시 마술사야! 사람의 눈을 마음대로 속일 수

있으니 말이야. 놈들은 내가 싸움에서 공을 세우는 게 두려워, 군대를 아예 양으로 만들어 버린 거야. 내 말이 믿어지지 않으면, 어디 그 녀석들의 뒤를 밟아 보아라. 반드시 그 양들은 사람으로 변해 있을 거다. 그런데, 산초야! 내 입 안을 좀 보아 다오. 이가 그대로 남아 있는지 어떤지……."

산초는 손수건과 고약을 가지러 당나귀 옆으로 가 보았으나, 가죽 주머니가 있을 리가 없었다. 산초는 그만 낙심하여 더 이상 돈키호테를 따라 나서고 싶지 않았다.

그 때 돈키호테가 간신히 일어나 손으로 입을 가리고 산초 옆으로 다가왔다.

"나리, 가죽 주머니가 없어졌어요!"

산초가 말했다.

"무엇이 어째? 그럼 오늘은 꼼짝없이 굶어야겠구나."

"그래요, 손에 가진 것이라고는 아무것도 없어요."

"뭐, 할 수 있나. 그렇지만 산초야, 낙심할 것 없다. 하느님은 만물을 보호하시니 우리에게 먹을 것을 주실 것이다."

"나리는 신부님이 되었으면 좋았을 거예요."

산초는 못마땅한 듯이 말하였다.

"산초야, 기사는 지식이 있어야 해. 옛날에 기사들은 싸움터에서도 성경 공부를 했어."

"나리 말씀대로 하느님께서 우리에게 먹을 것을 주신다면 얼마나 좋겠어요. 어서 갑시다! 오늘 밤에는 하느님 덕분에 악마나 유령이 나오는 곳에서 자지 않게 되었으면 합니다. 난 또다시 그 녀석들을 만나면 영락없이 죽고 말 거예요."

"산초야, 하느님께 기도를 드려 보아라. 그리고 난 네가 가자는 대로 갈 테니 빨리 떠나도록 하자!"

돈키호테와 산초는 또다시 길을 걷기 시작하였다.

흰 옷을 입은 사람들

산초는 길을 걸으면서 돈키호테에게 말했다.

"나리, 요새 우리는 날마다 재난만 당하는데, 이건 아무래도 예삿일이 아니에요. 여기에는 반드시 무슨 곡절이 있을 거예요. 아마도 우리가 기사도의 규칙을 지키지 않았기 때문이 아닐까요?"

"산초야, 너는 나한테 못하는 소리가 없구나!"

"나리께서는 전에 투구를 빼앗을 때까지는, 집 안에서 식사를 하지 않겠다는 등 여러 가지 맹세를 해 놓고 그걸 지키지 않았잖아요?"

"음, 하긴 네 말이 옳다. 내가 그걸 잊고 있었구나!"

돈키호테가 계속해서 말했다.

"그러니 너도 앞으로는 명심해야 한다. 네가 여관에서 헹가래를 당한 것도 다 까닭이 있는 것 같다. 나한테 그 맹세를 진작 상기시켜 주지 않았으니 네가 화를 당할 수밖에……. 그런데 기사도는 수학 공식과는 다르니까, 또 다른 방법으로 맹세를 지킬 수 있어."

"다른 방법이라니요? 저도 무슨 맹세를 하라는 건가요? 그건 좀 곤란한데요."

"걱정 마! 너 따위의 맹세는 소용 없어! 이건 어디까지나 내 문제야."

돈키호테와 산초가 이렇게 이야기를 나누면서 길을 가다 보니, 어느새 날이 저물었다.

두 사람은 배가 고팠으나, 먹을 것이 없었다.

먹을 것이 들어 있는 가죽 주머니를 잃어버렸기 때문이다. 게다가 여관조차 눈에 띄지 않았다.

그날 밤은 누가 코를 베어가도 모를 정도로 캄캄하였다.

두 사람은 더듬거리며 길을 걸었다. 그 때, 멀리서 큰 불덩이가 가까이 다가오는 것이 보였다. 두 사람은 머리카락이 쭈뼛 곤두서는 느낌을 받았다.

불덩어리는 점점 크게 보였다. 산초는 무서워 부들부들 떨기 시작하였다. 돈키호테도 온몸에 소름이 돋았다.

"산초야, 큰일났다! 이번 모험에는 내 용기와 힘을 다해서 싸워야 할 것 같구나."

그러자 산초는 푸념을 늘어놓았다.

"아, 나는 왜 이렇게 운수가 사나울까? 만일 저것이 유령이라면 어찌해야 좋단 말인가? 난 그 유령이 부러뜨린 갈비뼈도 아직 낫지 않았는데……."

"걱정할 것 없다. 아무리 고약한 유령이라도 네 머리카락 하나 건드리지 못하게 할 테니까……."

돈키호테와 산초는 길가에 서서 그 불덩어리를 조심스럽게 바라보고 있었다.

점점 가까이 다가오는 흰 옷을 입은 사람들은 약 20명쯤 되는데, 저마다 손에 횃불을 들고 말을 타고 있었다. 그들 뒤에는 검은 천을 두른 한 대의 마차가 따라오고 있었다. 그리고 마차 뒤에는 역시 검은 천으로 싼 여섯 필의 당나귀가 사람을 태우고 따라왔다.

산초는 캄캄한 밤에 허허벌판에서 이런 사나운 일행을 만났으니, 아무래도 무사하지 못할 것 같았다. 그는 두려움에 떨다 못해 거의 정신을 차리지 못하고 있었다.

그 때 돈키호테의 머리에는 어느 기사 소설에서 읽은 듯한 모험담이

떠올랐다.

'저 마차는 심한 상처를 입은 기사를 태우고 있을 것이다. 저들은 나를 참다운 기사로 보고 복수를 청하러 오는 모양이다.'

돈키호테는 이렇게 생각하고 창을 겨누어, 길 한복판에 우뚝 서서 큰 소리로 외쳤다.

"잠시 말을 세우고 이름을 대어라! 너희들은 누구이며, 어디에서 오는 것이냐? 그 마차에 태운 자는 누구냐? 보아하니 너희는 나쁜 짓을 저질렀거나 당했을 것이다. 그러므로 나는 너희에게 벌을 주든지, 아니면 대신에 복수를 하려고 한다. 어서 바른 대로 말해라!"

그러자 상대편 사나이 하나가 나서서 말했다.

"우리는 갈 길이 바쁘다. 그러니 너와 길게 이야기할 시간이 없다. 저리 썩 비켜라!"

그들은 돈키호테 앞을 그냥 지나치려고 하였다. 돈키호테는 화가 치밀어 상대방의 말 앞에 뾰족한 창을 들이밀고 외쳤다.

"들거라! 기사에게는 예의가 있는 법이다. 내가 묻는 말에 대답을 하지 않으면, 한 놈도 내 앞을 지나가지 못한다!"

그러자 상대편 말이 놀라서 뒷발질을 하는 바람에, 사나이는 말 등에서 땅바닥으로 굴러 떨어지고 말았다.

이 광경을 보던 흰 옷 입은 패들이 한꺼번에 덤벼들었다.

그러나 돈키호테는 조금도 당황하지 않고, 로시난테에게 박차를 가하면서, 그들에게 마구 창을 휘둘렀다.

그러자 흰 옷 입은 패들은 마음도 약한데다가, 무기도 전혀 가지고 있지 않았으므로 사방으로 뿔뿔이 흩어져 도망쳐 버렸다.

이들이 걸치고 있었던 흰 옷은 상복이었다. 까만 마차에는 시체가 든

관이 놓여 있었다. 그러나 돈키호테의 눈에는 이상하고 요상스러운 모습으로 보였다.

그들은 돈키호테를, 마차에 놓인 시체를 뺏으려고 지옥에서 온 악마인 줄로 알았던 모양이다.

뿔뿔이 흩어진 사람들 뒤에, 횃불이 하나 땅바닥에 떨어져 활활 타고 있었다. 그리고 그 옆에는 아까 말에서 떨어진 사나이가 여전히 뒹굴고 있었다.

돈키호테는 말 위에서 뛰어내려 창을 겨누고 큰 소리로 말했다.

"항복할 테냐? 싸울 테냐?"

"싸움은커녕 한쪽 다리가 부러져 일어나지도 못하겠소."

사나이는 가느다란 소리로 신음하며 말했다.

"만일 당신이 그리스도의 기사라면 날 죽이지 않을 테지요. 나는 하느님께 기도 드리는 신부입니다."

"그래? 그렇다면 너는 악마가 아니라는 말이지? 그러면 어떤 악마가 너희들을 이리로 데려왔느냐?"

"우리는 저 마차 속에 들어 있는 시신을 죽은 사람의 고향으로 묻으러 가는 길이었소."

"그럼, 누가 그 사람을 죽였단 말인가?"

"그는 열병에 걸려 죽었소."

"그렇다면, 내가 원수를 갚을 필요가 없군. 천당으로 갔을 테니까! 그런데 신부님, 잘 들어 주오. 나는 라 만차 돈키호테라는 기사요. 세상의 잘못을 바로잡고 불의를 없애기 위해 여러 나라를 돌아다니고 있다오."

"아, 그러세요? 그런데 당신은 세상의 잘못을 바로잡는다고 하지만, 내 다리는 바로 당신 때문에 부러졌소."

"그건 그대들이 잘못을 했기 때문이오. 이 밤중에 그런 흉한 차림을 하고 있으니 악마로 볼 수밖에 없지 않소?"

"잘잘못을 가리기 전에 하나의 재앙으로 생각하고 참겠소. 아무튼 날 좀 일으켜 주오. 혼자서는 도저히 일어날 수가 없구려!"

"산초야, 이리 온!"

돈키호테가 산초를 불렀다. 그러나 충실한 부하는 좀처럼 나타나지 않았다. 산초는 신부 일행이 타고 있던 한 당나귀에 가득 실려 있는 음식을 끄집어 내고 있었다.

산초는 외투 주머니가 찢어지게 음식을 쑤셔 넣고 간신히 일어나, 신부를 일으켜 말 위에 태웠다.

돈키호테가 신부에게 말했다.

"내가 나쁜 뜻으로 그대들을 습격한 게 아니니, 일행에게 말을 잘 전하시오."

그러자 산초도 옆에서 입을 열었다.

"이 씩씩한 분이 누구냐고 동행이 묻거든, 바로 라 만차의 기사 돈키호테라고 가르쳐 주시오. 별명은 '찡그리는 기사'예요."

신부는 뒤도 돌아보지 않고 사라졌다.

그러자 돈키호테는 신부 일행이 벌판에 남겨 둔 관 속에 무엇이 들어 있는지 조사해 보자고 하였다.

산초는 고개를 옆으로 저었다.

"나리, 제가 오늘까지 보아 온 모험 중에서 이번이 제일 훌륭했어요. 이 정도로 해 두는 것이 좋겠어요. 지나치면 큰코 다칠지도 모르니까요. 그 녀석들이 혼쭐이 단단히 났지만, 매 맞은 게 분하고 억울해서 복수하려고 할지 누가 알아요? 그러니 우선 이 근처의 산에 올라가 뱃속부터 채웁시다. 배에서 꼬르륵 소리가 나서 어디 싸울 수가 있겠어요? 자, 제 뒤를 따라오세요."

산초는 짐을 잔뜩 실은 당나귀를 끌고 앞서 걷기 시작하였다.

돈키호테는 산초의 말에도 일리가 있다고 생각하고, 어슬렁어슬렁 뒤를 따라갔다.

한참 가니 편히 쉴 만한 장소가 나왔다.

두 사람은 짐을 내려놓고 아침, 점심, 저녁 세 끼를 한꺼번에 먹기 시작하였다. 그들은 맛도 모르고 닥치는 대로 입에 쑤셔 넣었다.

그들은 무척 목이 말았으나, 주위에서는 물 한 방울 구경할 수가 없었다. 먹은 음식이 목에 걸려 숨이 막힐 지경이었다.

맘브리노의 투구

그러나 산초의 주위에는 풀들이 모두 연하고 물기가 있었으므로, 가까운 곳에 반드시 샘이나 개천이 있을 거라고 생각하였다.

그래서 두 사람은 말을 끌고 길을 걸어갔다. 그러자 얼마 안 가서 졸졸 물 흐르는 소리가 들려왔다. 그것은 커다란 바위에서 흘러내리는 물소리 같았다.

돈키호테와 산초는 발걸음을 멈추고, 물소리가 들려오는 방향을 향하여 귀를 기울였다. 그런데 물소리 사이사이로 간간이 이상한 소리가 들려왔다.

산초는 더럭 겁이 났다. 산초뿐만 아니라 누구라도 그 소리를 들었다면, 겁이 나서 심장이 얼어붙는 것 같았을 것이다.

그러나 돈키호테는 조금도 겁을 내지 않았다. 그는 용기를 내어 로시난테의 등에 올라타고, 팔에 방패를 걸치고 손에 창을 들었다.

"산초야, 내 말 잘 듣거라. 이 어둠 속에서 들려오는 저 괴상한 소리는 내 가슴에 용기를 북돋아 주고 심장을 힘차게 뛰게 한다. 산초야, 로시난테의 배 띠를 꽉 죄어 다오."

"주인님, 또 왜 그러십니까?"

"왜, 겁이 나느냐? 그럼 너는 여기 남아 내가 돌아오기를 기다리고 있거라. 만일, 사흘이 지나도 돌아오지 않거든 너는 고향으로 돌아가거라. 그리고 엘 토보소에 가서 둘시네아 공주님에게 '당신의 기사는 그 이름을 더럽히지 않고 세상을 떠났다.'고 말씀드려라."

돈키호테의 말을 들은 산초는 눈물을 흘리면서 한사코 말렸다.

"주인님, 진정하세요! 제가 비겁한 게 아니에요. 마을 신부님이 그러셨는데 '모험을 찾아다니는 사람은 그 모험에 죽고 만다.'고 하셨어요. 어떤 기적이라도 생긴다는 보장이 있다면 모를까, 그렇지 않은 이상 모험을 찾아 돌아다닌다는 것은 저로서는 도저히 찬성할 수가 없어요. 하기는 제가 헹가래를 당해 반죽음이 되었을 때에도, 나리는 머리카락 하나 다치지 않았으니 하느님이 도우신 거지요. 기적은 이것 하나만으로도 충분하지 않아요?"

"산초야, 너는 어째서 그리 옹졸하냐? 하느님은 인색하지 않아."

"나리, 제발 제 생각 좀 해 주세요. 이런 첩첩산중에서 어떻게 혼자 남아 있겠어요? 저는 무서워서 못 견디겠어요. 제발 부탁이에요. 저를 버리지 마세요! 저는 나리에게 봉사하려고 처자식을 버리고 집에서 뛰쳐나왔어요. 그런데 사람의 그림자도 볼 수 없는 이 곳에 저를 혼자 버린다고요? 정말 너무하십니다."

산초는 눈물을 글썽거리며 말했다. 그러나 산초의 뜨거운 눈물도 돈키호테의 마음을 녹일 수는 없었다.

"산초야, 기사의 몸으로서 부하가 눈물로 호소한다고 해서, 꼭 해야 할 일을 하지 못했다는 말은 듣기 싫다. 더 말하지 마라! 하느님이 나에게 이 모험을 해 보라고 명령하고 계시다! 그러므로 반드시 나를 보호해 주실 것이다."

"글쎄, 그걸 어떻게 철석같이 믿느냐 말이에요? 만일, 하느님이 보호해 주지 않으면 죽는다는 말 아니에요?"

"듣기 싫다! 로시난테의 배 띠나 힘껏 졸라매라. 그리고 너는 여기 남아 좋은 소식을 기다리고 있거라!"

돈키호테의 결심은 바위와도 같았다.

산초는 할 수 없이 로시난테의 배 띠를 당겨 주면서, 당나귀 안장에 붙어 있는 끈을 풀어 몰래 로시난테의 앞다리를 동여매었다.

그래서 돈키호테가 길을 떠나려고 말에게 박차를 가하였지만, 로시난테는 꼼짝도 하지 않았다. 결국 돈키호테는 날이 샐 때까지 기다리기로 하였다.

산초는 시치미를 딱 떼고 말하였다.

"주인님, 제가 날이 밝을 때까지 옛날 이야기를 해 드릴까요? 그렇지 않으면 풀 위에서 푹 쉬든지 하세요."

"너나 자고 싶으면 자려무나. 언제 위험이 닥쳐올지 모르는데 자다니……. 너는 마치 잠이나 자려고 이 세상에 태어난 것 같구나."

"주인님, 화내지 마세요!"

산초는 여전히 귀에 들려오는 이상한 소리에 몸을 부들부들 떨면서, 돈키호테를 말에서 부축해 땅바닥에 내려놓았다. 그리고는 말라빠진 돈키호테의 몸에 바짝 다가앉아 이 이야기 저 이야기를 되는 대로 지껄이며 날이 밝기를 기다렸다.

한참 동안 되는 소리 안 되는 소리 지껄이다 보니, 어느 새 날이 훤히 밝기 시작하였다. 산초는 슬그머니 로시난테의 앞발을 동여맨 고삐를 풀어 주었다.

그러자 로시난테는 몇 시간 동안 움직이지 못한 분풀이로 땅바닥을 자꾸만 긁어 대었다.

이것을 본 돈키호테는,

"아, 갑자기 로시난테가 움직이기 시작하였구나! 이제 무슨 좋은 수가 생기려나 보다."

하며 좋아서 어쩔 줄 몰라하였다.

그는 곧 로시난테의 등에 올라타고, 또다시 산초와 작별을 하려고 하였다. 그러자 산초는 주인의 곁을 떠나기 싫어 발을 동동 굴렀다.

"그렇게 혼자 남아 있기 싫으면 따라오려무나!"

돈키호테가 말했다.

산초는 돈키호테의 뒤를 터벅터벅 따라갔다.

한참 가다 보니 풀밭이 나타났다. 거기는 높은 낭떠러지에서 물이 떨어져 폭포를 이루고 있었다. 아까부터 들려온 물소리는 이 낭떠러지에서 떨어지는 폭포 소리였던 것이다.

그 낭떠러지 아래에 낡은 집이 너댓 채 보였다. 밤새 산초를 떨게 한 소리는 이들 집에서 들려오는 소리였다.

돈키호테는 둘시네아 공주에게 열심히 기도를 드리며, 한 걸음 한 걸음 그 집으로 다가갔다. 얼마쯤 걸어갔을 때였다. 무서운 소리의 정체가 분명히 드러났다. 그것은 물방아 소리였다.

돈키호테는 입을 꽉 다물고 아무 말도 하지 못했다. 산초는 웃음이 터지려는 것을 참고, 돈키호테의 얼굴을 쳐다보았다. 두 사람은 눈이 마주치자 더는 참지 못하겠다는 듯 씩 웃었다.

산초가 말했다.

"나리! 이것 참 멋진 모험인데요. 황금 시대의 모험이란 것도 이와 비슷한 거였겠지요?"

"닥치지 못해!"

돈키호테는 화가 나서 창 자루로 산초의 등을 두어 번 때렸다. 산초는 오히려 히죽히죽 웃었다.

"이 녀석아, 웃을 때가 아니야! 만일 저 물방아가 거인이었더라면 어쩔 뻔했느냐?"

"미안해요. 저는 너무 좋아서 그랬어요. 그런데 이렇게 때리시다니, 너무하지 않으세요?"

"음, 내가 좀 심했나 보구나. 그렇지만 네가 말이 많아서 그랬다. 그러니 앞으로는 예의를 갖추어서 말하도록 해. 알겠지? 나를 화나게 해서 이로울 것이 없어!"

"예, 조심하겠습니다. 그런데, 나리! 저에게 약속한 그 섬은 언제쯤 주시게 되나요?"

"어지간히 성미도 급하구나. 너에게 약속한 섬은 때가 되면 손에 넣을 수 있어. 섬도 섬이지만 어떤 경우에도 월급만큼은 꼬박꼬박 줄 것이다."

"그런데 기사의 부하는 월급을 얼마나 받습니까?"

"월급을 주기로 하고 부하를 고용했다는 말은 기사 이야기에서 읽은 적이 없다. 그렇지만 너에게는 특별히 생각해서 준다는 것이다."

"그럼, 돈은 한 달씩 계산하나요? 아니면 인부들처럼 하루치씩 주시나요?"

"그렇게 꼬치꼬치 따지지 마라. 내가 어련히 알아서 하겠니? 혹시 내가 불행하게 될 경우까지 미리 생각해서, 네 몫으로 섭섭하지 않도록 미리 유서를 남겨 두었다. 이제 됐느냐?"

산초는 신이 나서 말했다.

"나리, 고마워요! 그럼, 앞으로는 좀더 열심히 나리를 받들어야겠군요. 말씀에도 고분고분 잘 따르고요."

그 때 찌푸린 하늘에서 갑자기 비가 내리기 시작하였다. 산초는 물방앗간으로 들어가려 하였으나, 돈키호테는 산초의 말을 듣지 않고 그대로 길을 갔다.

다행히 비는 곧 멎었다.

그들은 다시 어제와 같은 큰길로 나섰다.

그 때 돈키호테의 눈에는 저쪽에서 금빛으로 번쩍이는 투구를 쓰고 다가오는 사람이 보였다.

돈키호테가 말했다.

"산초야, 저것 좀 보아라!"

돈키호테는 또다시 공상의 나라로 들어갔다.

"저 투구 좀 보아라! 저것이야말로 맘브리노의 투구다. 옛부터 한쪽 문이 닫히면 다른 문이 열린다고 했는데, 과연 그렇구나! 어젯밤에는 운이 나빠서 물방아에 속았으나, 운명은 또 다른 문을 열어 준 것이다."

산초는 또 더럭 겁이 났다.

"나리, 잘 좀 보세요. 이번에도 헛것이 보이는 것 아니에요?"

"뭘 잘 보란 말이냐? 내가 분명히 보았는데……. 내 눈은 속일 수 없어. 황금 투구를 쓰고 말을 타고 이리로 오는 저 기사가 네 눈에는 보이지 않느냐?"

"제 눈에 보이는 것은 당나귀를 타고 오는 사람뿐인데요. 머리에는 대야 같은 걸 뒤집어쓰고 있는 것 같군요."

그러자 돈키호테는 혼자서 흥분하기 시작하였다.

"저게 바로 맘브리노의 투구라는 것이다. 너는 저만큼 비켜서 있거라!"

당나귀를 타고 오는 사람은 옆 동네로 일하러 가는 이발사였다. 그는 비를 막기 위해 놋대야를 뒤집어쓰고 있었다.

그 놋대야는 방금 닦은 것이었기 때문에 멀리서도 번쩍거렸다. 돈키호테는 황금 투구를 쓴 기사가 가까이 다가오는 것을 보자, 창을 꼬나잡고 달려들었다.

"야, 이 녀석아! 얼른 그 투구를 내려놓고 가거라!"

이발사는 아닌 밤중에 홍두깨를 내미는 격으로 갑자기 나타난 괴물을 보자, 기겁을 하여 당나귀에서 뛰어내렸다. 그리고는 '걸음아, 날 살려라!' 하고 줄행랑을 쳤다.

돈키호테는 놋대야가 땅에 떨어진 것을 보고 매우 만족해하였다. 그는 산초에게 말했다.

"산초야, 저 투구를 이리 가져오너라!"

산초는 놋대야를 들어 돈키호테에게 갖다 주었다. 돈키호테는 놋대야를 머리에 뒤집어쓰고,

"이거 굉장히 큰걸! 처음 이것을 만들게 한 녀석은 머리가 굉장히 컸던 모양이군."

하고 중얼거렸다.

산초는 우스워서 못견딜 지경이었으나, 킬킬대면 또 야단을 맞을까봐 이를 악물고 참았다.

"산초야, 너는 뭐가 그리 우스우냐?"

"그 투구를 만들게 한 사람의 머리를 생각하니 우스워서 견딜 수가 없군요. 마치 이발소의 세숫대야와 똑같지 뭐예요?"

"이 투구는 미련한 놈이 만든 모양이다. 대장간을 찾아가서 제대로 고쳐야겠다. 그러나 그 때까지는 할 수 없이 이대로 써야지."

산초가 물었다.

"그런데, 나리! 저 투구의 임자가 놓고 간 당나귀는 어떻게 하지요? 주인이 찾으러 올 것 같지도 않은데요."

"왜, 그 당나귀가 탐나느냐?"

"예, 갖고 싶어요."

"안 돼! 패배한 자의 당나귀를 빼앗는다는 것은 기사도에 어긋나는 일이야. 그냥 내버려 두어라!"

"그럼, 제 당나귀와 바꾸는 것은 어떤가요?"

"마구를 바꾸는 것이 좋은 일인지 나쁜 일인지 아직 책에서 보지 못하였으니 네 마음대로 하여라. 네가 꼭 필요하다면 그렇게 해도 괜찮을 거다!"

산초는 곧 안장을 바꾸었다. 그들은 어젯밤에 먹다 남은 음식을 나누어 먹고, 물방앗간에서 물을 마셨다. 그리고 또다시 길을 떠났다.

죄인들

산초는 돈키호테로부터 입을 조심하라는 주의를 받았으나, 잠자코 있을 수가 없었다.

"나리, 우리는 사람의 그림자도 보이지 않는 산골짜기로만 다니고 있는데, 이래서야 어디 나리께서 세상을 위해 어떤 훌륭한 일을 하는지 사람들이 알아 주겠어요? 그보다는 차라리 전쟁을 하는 어떤 임금이나 영주에게 봉사하는 편이 낫지 않을까요? 그래야만 저도 상을 나눠 받을 수 있을 것 같은데요."

"네 말에도 일리가 있다. 그러나 궁중에 초청을 받았을 때 내세울 만한 공로가 있어야 한다. 그래서 우선 모험을 찾아 산에서 들로, 들에서 산으로 두루 돌아다니는 것이다. 우리가 어떤 마을에 들어서면, 어린아이까지도 그 명성을 알고 마중을 나와 '오, 태양의 기사님!' 이라든지, '오, 영광의 기사님!' 하면서 떠들어 댈 만큼 위대한 용사가 되어 있어야 한다. 그래야 국왕이 나를 불러들일 것 아니냐?"

산초는 돈키호테의 말을 듣고 앞길이 아득하기만 하였다. 그리고는 저절로 한숨이 새어 나왔다.

"그럼, 앞으로도 줄곧 미친 개처럼 사방을 두루 싸돌아 다녀야만 하겠군요."

이렇게 이야기를 하면서 길을 가고 있자니, 저쪽에서 이리로 향해 걸어오는 사람들의 무리가 보였다.

10여 명의 억센 사나이가 각자 수갑을 차고 쇠사슬에 묶여, 말을 탄 두 사나이와 걸어오는 두 사나이의 감시를 받으며 끌려오고 있었다. 말을 탄 두 사나이는 손에 총을 들고 있었고, 걸어오는 두 사나이는 창을 들고 있었다.

산초가 말했다.

"저 녀석들은 임금의 명령으로 죄인이 타는 배에 끌려가고 있는 중입니다."

"무엇이? 억지로 끌려간다고? 아무리 임금의 명령이라고 하더라도, 억지로 끌려가는 법이 어디 있어?"

돈키호테가 말했다.

"그런 말씀을 저에게 한들 무슨 소용이 있어요. 저놈들은 죄인이에요. 나쁜 짓을 했기 때문에 마땅히 징역을 살러 가는 거예요."

"어쨌든 안 되겠다. 고통을 받고 있는 사람을 그냥 보고만 있을 수는 없어!"

그 때 일행은 돈키호테의 앞을 지나가고 있었다. 돈키호테는 경관에게 정중하게 말을 걸었다.

"실례지만, 잠깐만! 도대체 어떻게 된 일입니까? 사연을 나에게 말씀해 주시오."

경관이 귀찮다는 듯이 대답하였다.

"우리는 국왕의 명령으로 죄인을 끌고 가는 중이오. 이 자들은 죄인이오. 그 외에는 아무런 이유도 없소."

"그렇지만 나는 이 사람들의 불행한 사연에 대해 알고 싶소."

"정 그렇게 알고 싶다면, 이 녀석들 하나하나를 붙잡고 물어 보시오. 얼마든지 이야기해 줄 테니까!"

돈키호테는 제일 앞에 선 죄인에게 다가가서 물었다.

"무엇 때문에 이렇게 되었소?"

죄인이 대답하였다.

"세탁소에서 옷 보따리를 훔치려다가 붙잡혀서, 매를 얻어맞고 이제 배를 타러 가는 길이오."

돈키호테는 다음 죄인에게 또 같은 말을 물었다. 그는 고개를 푹 숙이고 한 마디도 대답하지 않았다.

돈키호테는 호통을 쳤다.

"왜 대답이 없소?"

그러자 옆에 있던 사람이 대신 말했다.

"나리, 이 자는 카나리아올시다."

"카나리아라니?"

"예, 노래쟁이 말입니다. 이를테면 음악가라는 말이지요."

"가수까지 된 녀석이 왜 죄인의 배를 타러 간단 말이오?"

"나리가 알고 있는 그런 가수가 아니라, 고문을 받아서 소리를 빽 지르는 음악가란 말이에요."

"야, 이것 봐라! 그 말 한번 근사하다."

"실은, 이 녀석은 말 도둑인데요. 그만 자백을 했어요. 그래서 다른 녀석들에게 놀림을 받아 코빼기가 저 모양으로 다섯 자나 빠졌어요."

돈키호테가 세 번째 죄인에게 다가가 물었다.

"어떻게 된 거요?"

"나는 용돈이 없어서 이렇게 되었소."

"용돈? 내게 돈이 좀 있는데, 줄까요?"

"이젠 필요 없어요. 이미 때가 늦었어요. 내가 필요할 때 당신이 좀 주었더라면, 재판소 나리 주머니에 슬쩍 넣어 주고 지금쯤은 활개를 치며 돌아다닐 터인데……."

돈키호테가 마지막으로 말을 건 사람은 서른 살 가량의, 보기에도 흉측한 사나이였다.

이 죄인은 다른 사나이들과 달리, 더 꽁꽁 묶여 있었다.

몸 전체를 굵은 철사로 묶고, 그 끝은 한쪽 발에 매여 있었다. 목에도 두 개의 쇠고리가 걸려 있고, 수갑을 채운 손은 다시 철봉에 굳게 동여 매어져 있었다.

그래서 손을 입에 가져갈 수도 없고, 머리를 아래로 숙일 수도 없었다. 이 사나이는 큰 죄인이었다.

"이 녀석은 유명한 불량배로 10년 징역을 받았소."

경관이 말했다.

"피네스 데 파사몬드라고 하면 모르는 사람이 없지요."

그러자 죄인은 코웃음을 치면서 매서운 눈초리로 경관을 노려보았다. 이것을 본 돈키호테는 죄인들을 향하여, 마치 재판관이 선고라도 내리는 듯한 말투로 연설을 시작하였다.

"너희의 말은 모두 상세히 들었다. 너희는 자신이 지은 죄 때문에 할 수 없이 이런 벌을 받고 있는 것이지, 자진해서 이 고통을 받는 것은

아니다. 재판관의 판결도 옳다고는 볼 수 없다. 대수롭지 않은 죄에 큰 벌을 내리는 데가 어디 있느냐? 가엾은 자들이여! 나는 정정당당히 경관에게 청을 하여 너희에게 자유를 주려고 한다."

돈키호테는 여기까지 말을 하고 경관을 향하여 말했다.

"여러분, 이 사람들은 그대들에게 악을 저지르거나 해를 끼친 일은 없소. 하느님은 반드시 악한 자에게 벌을 주고 선한 자에게는 상을 주는 거요. 내가 청을 드리니 이 사람들을 놓아 주시오! 그대들과 아무 상관도 없는 사람들을, 이처럼 동여매어 끌고 가는 것은 인간이 할 짓이 못 되오. 지금 이 자리에서 놓아 주시오. 만일, 내 말에 응하지 않으면 이 창과 칼이 가만히 있지 않을 것이오!"

호위대장이 돈키호테에게 삿대질을 하면서 말했다.

"아니, 뭐가 어쩌고 어째? 죄인을 놓아 주다니, 잠꼬대 같은 소리 작작해! 당신 머리가 어떻게 된 것 아니야? 저리 비켜!"

"뭐라고?"

돈키호테는 순간적으로 호위대장을 찔러 말 위에서 떨어뜨렸다. 그러자 다른 경관들은 잠시 어리둥절하여 서 있다가, 곧 칼을 뽑아들고 돈키호테에게 덤벼들었다. 그러자 죄인들은 좋은 기회가 왔다는 듯이 저마다 쇠사슬을 끊기 시작하였다.

산초도 뛰어가서 제일 큰 죄인, 피네스 데 파사몬드의 밧줄을 풀어 주었다.

이 자는 세상에 무서울 것이 없는 불량배였다. 그는 자유롭게 되자, 경관에게 달려들어 총과 칼을 빼앗고 경관을 위협하였다. 그러자 경관들은 기겁을 하여 도망치기 시작하였다.

산초는 무서워서 벌벌 떨었다. 그 경관들이 반드시 관청에 고발하여 경비대가 몰려올 것이라는 생각 때문이었다.

"주인님. 아니, 나리! 빨리 산 속으로 도망쳐서 숨도록 해요. 우물쭈물하다가는 큰일나겠어요!"

돈키호테도 일이 크게 벌어진 것을 알아차렸다. 그래서 그 곳을 떠나면서 죄인들에게 한바탕 연설을 하였다.

"사람이란 은혜를 잊어서는 안 된다. 알겠나? 내가 위험을 무릅쓰고 너희를 구해 준 은혜를 생각해서, 내가 말하는 한 가지 부탁을 들어 줘야겠다. 그것은 다름이 아니라, 너희 목에서 풀린 그 쇠사슬을 엘토보소로 가지고 가서 둘시네아 공주님께 보인 후, '당신을 그리워하는 기사 돈키호테가 사슬에 매였던 우리를 구해 주었소.' 하고 말해 달라는 거다. 너희가 어디를 가든지 자유다!"

그러자 파사몬드가 일동을 대표하여 돈키호테에게 말했다.

"우리를 쇠사슬에서 구해 주신 나리시여! 정말 감사합니다. 그런데 나리의 요구는 무리한 일입니다. 언제 추격대가 달려와 우리를 다시 붙잡아갈지 모르므로, 우리는 각자 헤어져 가야 하는데, 언제 그 동네에 찾아간단 말입니까? 그러므로 나리의 공주님께 말하는 대신에 마리아에게 기도를 드리는 편이 나을 겁니다."

돈키호테는 화가 치밀었다.

"뭐가 어째? 천하에 못된 도둑 녀석! 너 혼자라도 가서 말하면 될 것 아니냐?"

파사몬드는 정신 나간 것으로 보이는 사람으로부터 이런 말을 듣자, 화가 나서 죄인들에게 눈짓을 하였다. 그러자 그들은 돈키호테에게 일제히 돌을 집어던지기 시작하였다.

돈키호테는 미처, 방패로 그 돌을 막을 틈이 없었다. 로시난테는 꼼짝 못하고 마치 동상처럼 서 있을 뿐이었다. 산초는 당나귀 뒤에 숨어서 돌을 피하고 있었다.

돈키호테는 말 등에서 한참 돌 벼락을 맞아, 마침내 땅바닥으로 굴러 떨어졌다. 그러자 죄인 하나가 재빨리 뛰어와서 세숫대야를 빼앗아 가지고 돈키호테의 등을 몇 번 내리친 다음, 세숫대야를 땅바닥에 힘껏 팽개쳐 찌그러뜨리고 말았다.

또한 죄인들은 개미 떼처럼 돈키호테와 산초에게 달려들어 온몸을 뒤지기 시작하였다. 돈키호테는 망토를, 산초는 겉저고리를 빼앗기고 말았다.

굴 속의 사나이

돈키호테도 이번 일만은 후회하였다.

"산초야, 네 말이 옳았다. 빨리 이 곳을 떠났어야 했는데……. 악당들을 동정하는 것은 바다에 물을 붓는 것과 마찬가지로 아무 소용이 없는 일이야."

"그것 보세요! 제 말도 더러 들어 두는 것이 좋아요. 자, 빨리 도망칩시다! 경관들이 우리를 잡으러 오면, 기사도 따위는 한 푼어치도 값어치가 없을 테니까요."

"너는 왜 그리 겁이 많으냐? 그러나 이번만은 네 말을 듣기로 하겠다. 그런데 혹시, 내가 죽은 후에라도 경관이 무서워 도망쳤다고 말해서는 안 돼. 나는 네가 하도 안달을 하기 때문에 자리를 옮기는 것뿐이야."

돈키호테는 말 등에 올라탄 후, 산초를 앞세우고 가까운 산 속으로 들어갔다.

그날 밤, 그들은 산 속에서 잠을 자기로 하였다. 그런데 운수가 사납게도 악한 파사몬드도 이 산 속의 같은 장소에 숨어 있었다.

파사몬드는 두 사람이 잠든 틈을 타서, 산초의 당나귀를 훔치고는 도망쳐 버렸다. 돈키호테의 여윈 말보다 산초의 당나귀가 더 비싸게 팔릴 것 같았기 때문이다.

이튿날 아침에 잠에서 깨어난 산초는 자기 당나귀가 간밤에 없어진 것을 보고 분하여 엉엉 울었다.

그 소리에 돈키호테도 잠에서 깼다.

그는 산초를 위로하기 위하여 자기 집에 남아 있는 다섯 마리 당나귀 중에서, 세 마리를 산초에게 주겠다고 약속하였다. 그러자 산초는 눈물을 씻고 고맙다고 하였다.

두 사람은 험한 산길을 걷기 시작하였다. 돈키호테는 산초와는 달리 희망에 가득 차 있었다. 그는 소설에서 읽은 기사의 큰 활약을 연상하고 있었다.

돈키호테는 옛날에 기사들이 험한 산 속에서 큰 모험을 했듯, 당장 눈앞에 그런 큰 모험이 닥칠 것만 같았다.

두 사람이 한참 길을 가다 보니, 길가에 이상한 것이 떨어져 있었다. 그것은 가죽 주머니와 보자기였다. 속을 뒤져 보니, 내의 네 벌과 흰 리넨으로 된 새 옷이 나왔다. 그리고 손수건으로 싼 한 주먹의 금화도 나왔다.

"이제 우리는 큰 행운을 만났군요! 하느님의 은혜입니다."

산초는 너무 좋아 덩실덩실 춤을 추었다.

"그건 네가 갖고 있거라!"

돈키호테가 말했다.

산초는 주인의 손에 키스를 하고, 내의와 옷을 식료품 주머니 속에 넣었다.

"산초야, 길을 잃은 나그네가 이 산 속에서 도둑을 만나 죽은 모양이구나!"

"그렇지만 나리, 도둑 같으면 돈을 그냥 내버려 두었겠습니까?"

산초가 금화를 세어 보니 100개가 넘었다. 산초는 너무 좋아서 지금까지 고생한 것을 다 잊어버리고 말았다.

돈키호테는 가죽 주머니의 임자가 누굴까 하고 생각해 보았으나, 아무래도 알 수가 없었다. 산 속에서 돈을 발견했다는 이야기는 어느 기사의 소설에서도 읽은 적이 없었기 때문이다. 그래서 돈키호테는 한동안 얼굴을 찡그리면서 걷고 있었다.

그런데 얼마간 길을 걷다가 또 이상한 것을 발견하였다.

산봉우리에 다 떨어진 바지만 걸친 벌거숭이 청년이 불쑥 나타난 것이다. 머리는 빗질도 하지 않고, 원숭이처럼 이 바위에서 저 바위로 뛰어다니다가, 금세 어디론지 사라져 버렸다.

돈키호테는 또 공상을 하기 시작하였다.

"산초야, 저 청년이 그 가죽 주머니의 주인인 것 같다."

돈키호테는 새로운 모험을 생각해 내었다. 그는 청년을 찾아 낼 때까지 줄곧 산 속에 머물러 있기로 작정하였다.

그는 산초에게 말했다.

"산초야, 그 청년을 찾아 내야겠다. 그 때까지는 이 산에서 떠나지 않을 것이다!"

"제발 그러지 마세요!"

산초가 말을 이었다.

"그건 사람이라고 말할 수 없어요. 설사, 사람이라고 하더라도 이 주머니의 주인이라고 어떻게 단정할 수 있어요?"

"너는 잠자코 나를 따라오너라. 이 산을 한 바퀴만 돌면 반드시 그 청년을 만나게 될 것이다."

"나리, 그런 생각 마시고 뒤에서 경관이 우리를 잡으러 쫓아오기 전에 빨리 도망치는 게 상책일 거예요."

"아니다! 그 청년을 찾아 내어 이 가죽 주머니를 돌려 줘야 해."

돈키호테는 자기가 생각하는 방향으로 말을 몰았다. 그 때 왼쪽 숲 속에서 한 노인이 양을 데리고 나타났다. 돈키호테가 노인에게 물어 보니, 그 가죽 주머니와 보자기는 청년의 것이라고 대답하였다.

노인이 말했다.

"반 년 전에 한 괴상한 청년이 당나귀를 타고, 이 산 속으로 들어왔습니다. 그 후로는 통 보지 못했는데, 하루는 내 친구가 이 근처를 지나가다가 그 청년을 만났어요. 그 때 청년은 누더기를 걸치고 뛰어나와 먹을 것을 빼앗아 도망쳤대요. 그래서 우리는 여럿이서 이틀 동안 이 산 속을 온통 다 뒤졌어요. 결국, 제일 깊은 골짜기의 굴 속에서 청년을 찾아 냈답니다. 말을 걸어 보니 얌전한 청년이었어요. 자기가 잘못했다고 사과를 했어요. 그리고 눈물을 흘리면서 깊이 뉘우치더군요. 그런데 갑자기 그 청년의 눈빛이 달라지더니, 우리에게 덤벼들어 확 밀어젖히고는 어디론가 도망쳐 버렸어요. 아무래도 그 녀석은 미친 모양입니다."

돈키호테는 노인의 말을 듣고 여러 모로 생각해 보았다.

'그 괴상한 미치광이 청년은 누구일까? 반드시 어떤 불행한 일 때문에 마음의 상처를 받아 머리가 돈 모양이야. 그 청년을 어떻게 해서든지 찾아 내야겠다.'

그는 마음속으로 굳게 다짐하였다.

그 때 마침 그 청년이 뭐라고 중얼거리며 다가왔다.

자세히 살펴보니, 어딘지 귀티가 나는 청년이었다.

청년은 돈키호테를 보자 공손히 인사를 하였다. 그래서 돈키호테도 점잖게 답례를 하였다.

"날 무서워하지 마시오! 나는 당신을 구하러 이 산 속으로 온 기사요."

돈키호테는 말을 이었다.

"보아하니, 당신은 큰 불행을 당해서 마음을 바로잡지 못하는 것 같소. 무슨 불행한 일을 당해 이 산 속에서 짐승 같은 차림을 하고 있는 거요? 어디 나에게 속 시원히 말해 보시오. 당신의 불행을 없애는 일에 힘이 되어 주고 싶소."

청년은 처음 보는 사람에게 이런 친절한 말을 듣고는, 한동안 당황하는 것 같더니, 곧 대답을 하였다.

"내가 지금 무엇보다도 바라는 것은 배를 채우는 일이오. 그러니 먹을 것을 좀 주시오."

산초가 옆에서 이 말을 듣고, 점심 주머니에서 음식을 꺼내어 청년에게 주었다.

청년은 며칠을 굶주렸는지 게걸스럽게 먹어치우더니, 돈키호테와 산초, 그리고 노인을 데리고 풀밭으로 가서 이야기를 시작하였다.

"이제부터 내가 이야기를 할 것이니, 아무도 내가 말하는 중에는 말을 걸지 마시오."

"어서 말해 보시오. 끝까지 들을 테니까!"

돈키호테가 말했다.

"내 이름은 갈디니오라고 하고 귀족의 자손이오. 같은 고향에 사는 어떤 귀족의 딸과 가까워져 앞으로 결혼할 것이라고 믿고 있었는데, 그것이 불행의 큰 원인이었소."

청년의 이야기는 계속되었다.

그의 이야기는 세상에 흔히 있는 이야기였지만, 깊은 산 속에서 더구나 귀족의 입을 통해 듣는 말이라 돈키호테는 무척 감동하였다. 그래서 자기도 모르게 불쑥 말이 튀어나왔다.

"저런, 거 참 안 된 일이오!"

그러자 청년은 이야기를 뚝 그쳤다. 그리고는 그의 눈빛이 점점 이상해졌다. 그러더니 갑자기 돌멩이를 들고 돈키호테의 가슴을 때렸다.

돈키호테는 비명을 지르며 나가떨어지고 말았다. 산초는 이것을 보자 용기를 내어 청년에게 달려들었으나, 크게 한 대 얻어맞고 뒤로 나자빠졌다. 미치광이 청년은 이어서 노인까지 때리고는 산 속으로 도망쳐 버렸다.

꽃을 뿌리며 가는 길

돈키호테는 산초를 데리고 또다시 산 속으로 걸어 들어갔다. 산초는 당나귀를 잃어버려 짐을 등에 메고 주인을 따라가자니 마음이 몹시 언짢았다.

산초는 주인이 먼저 말을 걸어 주기를 기다렸으나, 끝내 입을 다물고 있었으므로 참다 못해 입을 열었다.

"나리, 이젠 정말 더 참을 수가 없어요. 나는 그만 고향으로 돌아가겠어요. 이렇게 밤낮, 쓸쓸한 곳으로 끌고 다니면서 말동무도 제대로 되어 주지 않으시니 견딜 수가 있어야지요. 나는 이제 집으로 돌아가서 처자식과 편안하게 살겠어요. 나리의 시중을 드는 것도 좋지만, 한평생 모험만 찾아다니느라 언제나 남에게 걷어차이고 또 매를 맞고 하는 것이 업이니 이거 어디 살겠어요? 거기다 벙어리처럼 입을 다물고 있어야 한다니 이제 더는 견딜 수 없어요."

"그래? 정 그렇다면 이 산 속을 걷고 있는 동안만이라도 실컷 이야기를 해 보아라!"

"그렇게 할까요? 나리는 도대체 무엇 때문에 그 미치광이를 찾으려고 이런 산 속을 헤매는 겁니까? 설사 그놈을 찾아 낸다고 하더라도, 나리의 머리나 내 갈비뼈가 부러지는 일밖에 더 있겠어요? 그 녀석을 찾아 길도 없는 산 속을 찾아 헤매는 것도 기사도의 규칙인가요?"

"산초, 그만 해라. 내가 어디 그 미치광이를 찾으려고 이 산 속을 헤매는 거냐? 내 이름을 영원히 떨치기 위해 그러는 것이다."

"그래서 여전히 모험을 하신다는 말입니까? 이제는 지긋지긋해요."

"너는 기사가 되려면 아직 멀었다."

"굳이 나리와 같은 기사가 되고 싶지는 않아요."

"나도 네가 기사가 되기를 바라지는 않는다. 너는 다만 내 심부름을 하면 돼. 그 동안에 이미 천하에 알려진 내 이름이 더욱 빛나기를 바란다. 나는 이 산 속에 파묻혀 저 유명한 아마디스를 본받아 고행을 더 하려고 한다. 그 용사는 기사의 별이요, 태양이야. 그러므로 그 용사의 행동을 본받는 것은 기사의 자랑이 아닐 수 없다."

돈키호테는 기세등등하게 말했다.

"너무 외곬로만 나가면, 세상 사람들이 나리를 미쳤다고 할 거예요."

"차라리 미치광이가 되어 고생을 달게 받으련다!"

"그렇다면, 아까 그 녀석과 다를 바가 없군요. 그 녀석에게서 병이 옮은 모양이에요."

돈키호테는 화를 버럭 내면서 말했다.

"옛날부터 기사는 존경하는 공주님의 호감을 사지 못하면, 깊은 산 속으로 들어가 슬픔을 달랬었다. 그들 중에는 하도 슬퍼서 생나무를 부러뜨리고, 양을 잡아먹고, 나무꾼이 지고 가는 짐을 동댕이쳐 버린 기사도 있었지. 그렇지만 나는 현명하고 용감한 아마디스처럼 공주님의 마음이 돌아설 때까지 참으려고 해."

"그런 미치광이 같은 짓을 한 기사들에게는 그럴 만한 어떤 이유가 있을 게 아니에요? 그렇지만 나리에게서는 그런 이유를 찾아볼 수 없어요. 나리께서 언제, 엘 토보소의 공주님에게 무슨 모욕이라도 받은 일이 있나요?"

"모욕을 받고 안 받고의 문제가 아니야. 아무튼 유명한 기사는 일생 동안에 한번은 미치광이가 되었던 거야. 그래서 나도 한번 그렇게 되어 보려는 거다. 내가 그렇게 되면 우리 둘시네아 공주님은 나를 염려한 나머지, 나에게 치하와 위로의 말을 걸어올 것이다. 산초야, 내 말 뜻을 알겠니? 너는 지금부터 엘 토보소의 공주님에게 가서 내 말을 전하고, 그 공주님의 말씀을 듣고 오너라! 나는 네가 다녀올 때까지 미치광이 노릇을 하련다!"

산초는 어이가 없었다.

"저는 나리의 이야기가 무슨 소린지 알아듣지 못할 대목이 많은데요. 기사도니, 왕국이니, 섬이니 하고 떠들던 말은 마치 저 하늘의 풍선처럼 어디론가 사라진 것 같군요. 게다가 미치광이가 되시다니! 내가 보기에는 아무래도 나리께서 여우한테 홀린 것 같아요."

"기사도란 본래 세상 사람들의 눈에는 어리석게 보이는 법이야. 그들의 눈에는 악마에게 속고 있는 것 같거든."

이렇게 이야기를 주고받는 동안에 두 사람은 어느새 높은 산 밑에 이르렀다. 거기에는 한 줄기 맑은 샘물이 흘러내리고, 보기만 해도 마음이 산뜻한 풀밭이 깔려 있고, 가지각색의 꽃들이 만발해 있었다.

돈키호테는 감격스러운 듯이 외쳤다.

"오, 이곳이야말로 나의 무대다!"

"이 무대에서 또 무슨 연극을 하시겠다는 말씀이에요?"

산초가 물었다.

"산초야, 이 아름다운 자연 속에서 내가 하는 일을 잘 보고, 공주님께 가서 그대로 말씀 드려라."

돈키호테는 말에서 뛰어내렸다. 그는 말 등에서 안장을 내려놓고 말 궁둥이를 쓰다듬으면서,

"자, 이제부터는 너도 자유의 몸이다. 어디든지 좋으니 네가 가고 싶은 곳으로 가거라!"

하고 말했다.

"나리, 정말 미쳤군요! 제가 꼭 공주님께 가야 한다면, 저 말을 제게 빌려 주어야 하지 않나요?"

"참, 듣고 보니 그렇군! 그럼, 네가 좋을 대로 하여라."

"그런데, 나리! 나리는 여기서 무엇을 하려고 하십니까?"

"고행을 할 것이다. 옷도 찢고, 갑옷도 벗어 버리고, 내 머리를 바위에 부딪치기도 하면서……."

"잠깐만 참으십시오! 나리의 머리를 이 바위에 부딪치면, 머리가 천 개가 있어도 모자라겠어요."

"네가 걱정해 주어서 고맙기는 하지만, 이것이 기사도니 할 수 없지 않느냐? 나는 뜻대로 하겠으니 2, 3일 동안만 지켜보고 있다가 엘 토보소에 다녀오너라."

"2, 3일씩 기다릴 게 뭐 있어요? 하루 속히 공주님을 찾아가서, 나리께서 세상에 둘도 없는 미치광이가 되었다고 하지요. 그럼, 어서 편지를 쓰십시오. 하루라도 빨리 답장을 받아 와야 할 테니까요."

"그럼, 편지를 써 주지!"

"그리고, 나리 조카님에게도 편지를 쓰셔야지요. 약속하신 당나귀를 저에게 세 마리 주라고요."

"걱정 마라. 꼭 써 줄 테니까! 라 만차에 가서 내 편지를 보여 주어라. 그런데 공주님께 보내는 편지에는 내 이름을 쓰지 않아도 되겠지. 공주님은 내 글씨를 한번도 보신 일이 없어. 너에게 솔직히 이야기하지만, 공주님은 글자를 전혀 모르신다. 나는 지난 12년 동안 공주님을 네 번밖에 뵌 일이 없다. 그런데 공주님은 나를 한번도 본 적이 없지. 아버님인 로렌스 골체르 님과 어머님인 알돈사 노카래스 님은 언제나 공주님을 깊은 궁중에서만 길렀으므로, 외출하시는 일이 전혀 없었거든."

"옳아! 공주님 공주님 하시기에 누군가 했더니, 이제야 알겠어요. 정말 어처구니가 없군요! 그래, 로렌스의 딸이 둘시네아 공주님이란 말씀이에요?"

"그래, 로렌스의 딸이 어쨌단 말이냐? 그 분이야말로 전 우주의 공주님으로 받들 만한 분이시다."

산초는 로렌스의 딸을 잘 알고 있었다. 그래서 돈키호테에게 이렇게 말했다.

"그 계집애라면 저도 잘 알고 있어요. 동네에서 제일 힘센 청년과 씨름을 해도 아마 지지 않을 거예요. 저는 나리께서 그 동안 남에게 두들겨 맞고, 한쪽 귀를 없애 가며 갖은 고생을 사서 하는 바람에 저도 죽도록 고생하면서 오늘날까지 이렇게 세상을 돌아다닌 것은, 어떤 아름다운 진짜 공주님을 위해서라고 생각하고 있었어요. 그런데 그 공주님이 바로 그 계집애라니 어처구니가 없군요. 설사, 제가 나리의 편지를 가지고 가더라도, 그 알량한 공주님께서는 밭에 나가 이삭을 줍고 계실 테니 어디 민망해서 곁에나 가겠어요?"

돈키호테는 화가 나서 버럭 소리를 질렀다.

"이 녀석, 닥치지 못해! 너처럼 어리석은 녀석의 눈에 어떻게 공주님의 아름다움이 제대로 보이겠느냐?"

"예, 알겠습니다! 어서 편지나 써 주십시오."

돈키호테는 종잇장에 무엇이라고 몇 글자 적어서 산초에게 읽어 주자, 산초가 말했다.

"그럼, 곧 떠나겠습니다. 나리의 그 미치광이 노릇은 보나마나예요. 공주님에게 가서 본 걸로 이야기하죠."

"산초야, 잠깐만! 하다못해 내가 벌거벗은 모습만이라도 보고 떠나거라. 반 시간도 못 되어 네가 깜짝 놀랄 만한 일이 일어날 것이다."

"나리, 제발 참으세요! 나리의 벌거숭이 모습은 도저히 눈뜨고 볼 수가 없어요. 기가 막혀 눈물이 앞서거든요. 하긴 어젯밤에 당나귀 때문에 하도 울어서 더 나올 눈물도 없겠지만요. 빨리 공주님에게 가서 회답이나 받아 와야겠어요. 무엇하면 그 계집애를 두들겨 패서라도 멋진 회답을 받아 오겠어요."

"이 녀석, 여전히 입을 함부로 놀리네. 너 머리가 돈 모양이구나!"

"글쎄요. 누가 돌았는지 잘 모르겠군요. 그런데 제가 돌아올 때까지 무엇을 드시지요?"

"염려 마라! 음식을 배불리 먹으면 단식하며 고생하는 가치가 없어. 나는 나무 열매 이외에는 입에 대지 않겠다."

"그러세요? 그런데 여기는 깊은 산 속이라, 길을 잃지 않고 제대로 다시 돌아올 수 있을지 모르겠네요."

"이 근처에 가득 피어 있는 꽃들을 꺾어 길에 뿌리면서 가면 돼. 나도 멀리는 가지 않겠다."

산초는 꽃을 꺾으면 돈키호테에게 무사히 돌아올 수 있도록 기도를 올려 달라고 부탁하였다. 그리고 기도가 끝나자, 눈물을 흘리면서 돈키호테와 작별하였다.

산초는 로시난테 위에 올라타고 꽃을 뿌리면서 길을 떠났다. 산초는 떠나면서 몇 번씩 뒤를 돌아보았다. 그러나 몇 걸음도 가지 않고 되돌아와서 이렇게 말하는 것이었다.

"아무래도 나리의 그 미치광이 노릇을 한번 보고 가야지, 거짓말은 못하겠어요."

"그것 봐! 내가 뭐라고 하든? 그래, 보여 줄게."

돈키호테는 얼른 바지를 벗고 내의 바람으로 껑충껑충 뛰었다. 그러다가, 두 차례나 발목을 힘껏 때리고 나서 머리를 아래로 하고 발을 위로 하여 공중제비를 하였다.

돈키호테는 분명 머리가 돈 모양이었다. 산초는 그것을 눈으로 똑똑히 보고 다시 길을 떠났다.

신부의 계책

산초는 산에서 급히 내려왔다. 그리하여 이틀 전에 담요로 자신을 헹가래쳤던 여관 앞에 이르렀다.

'아무래도 기분이 언짢은걸. 놈들이 밀려와서 또다시 담요로 나를 공중에 던져 올리면 어떡하지?'

산초는 일부러 고개를 돌리고 여관 앞을 지나치려고 하였으나, 마침 점심때라 배가 고팠다. 그래서 자기도 모르는 사이에 여관 쪽으로 발길을 돌렸다.

여관에서 두 사람이 밖으로 나오다가 산초를 보고, 한 사람이 소리를 질렀다.

"저것 좀 보세요. 저기 말을 타고 오는 자가 산초요! 아, 그 지주와 한패가 되어 여길 뛰쳐나간 녀석 말이오."

"참, 이제 보니 그렇군요. 그리고 저건 우리 친구의 말이군요!"

이 두 사람은 라 만차 마을의 신부와 이발사였다. 그래서 산초와 말을 잘 알고 있었다.

"산초, 오래간만이군! 자네 주인은 어떻게 되었나?"

이발사가 물었다.

산초도 이발사와 신부를 금방 알아보았다. 그러나 산초는 그들에게 주인이 있는 곳을 숨기려 하였다. 그래서,

"주인님은 지금 장한 일을 하고 계세요."

하고 대답하였다.

"왜 분명한 대답을 하지 않는 거야? 아무래도 수상한걸? 자네가 주인을 죽이고 물건을 훔쳤다고 생각해도 답변을 못할 게 아니야? 저 말도 주인의 것이니까……."

이발사가 다그쳐 물었다.

"이거 왜 이러세요? 주인님은 분명히 살아 계세요. 산 속에서 미치광이 노릇을 하면서 혼자 좋아하고 계세요."

산초는 말을 꺼낸 김에 주인의 모험담과 고행담, 그리고 둘시네아 공주의 이야기를 단숨에 들려주었다.

신부와 이발사는 산초의 이야기를 듣고, 어이가 없어서 멍하니 산초의 얼굴만 바라보았다.

잠시 후에 신부가 입을 열었다.

"돈키호테가 공주님에게 보내는 그 편지를 이리 좀 보여 주게나."

"보여 드려도 좋지만, 수첩 조각에 쓴 거라 알아보기 힘들 테니까 종이에 다시 써야겠는데요."

"그래? 그럼 내가 다시 써 주지."

산초는 주머니 속에 손을 넣어 편지 조각을 찾았으나, 손에 만져지지

않았다. 그는 얼굴을 붉히면서 호주머니를 모조리 뒤져보았으나, 편지는 나오지 않았다.

"산초, 왜 그래?"

이발사가 물었다.

"당나귀 세 마리가 없어진걸요."

산초가 대답하였다.

"뭐, 당나귀가 없어졌다고?"

"예, 종이 쪽지에 나에게 당나귀를 세 마리 주라고 씌어 있었거든요. 둘시네아 공주님에게 보내는 편지 말고, 그 사연이 적혀 있는 종이 쪽지가 없어졌어요. 그러니 당나귀 세 마리를 잃은 거나 마찬가지지요."

편지가 없는 것은 당연하였다. 돈키호테는 그 편지를 읽어 주었을 뿐 산초에게 건네주는 것을 잊어버렸다. 그런데 산초는 편지를 받은 것으로 착각하고 있었다.

산초는 아무리 찾아도 편지가 없었으므로 크게 실망하였다. 신부는 산초를 동정하면서, 편지로 쓴 약속 같은 건 한 푼어치의 가치도 없으니 주인에게 정식 문서를 얻어 주겠다고 위로하였다.

그러자 산초는 비로소 마음을 놓았다.

신부가 물었다.

"그래, 그 편지에는 무어라고 씌어 있는지 알고 있나?"

"편지 내용은 제가 외고 있어요."

"그럼, 어디 말해 보게."

산초는 자신 있게 말하였으나 편지 내용이 한 구절도 생각나지 않았다.

"다른 내용은 생각이 잘 나지 않는데, 맨 끝에 '찡그리는 기사'라고 쓴 것만은 확실해요!"

산초는 이어서 자기가 머지않아 성주가 될지도 모른다고 숨김없이 말했다.

이윽고 신부가 말했다.

"아무래도 당신 주인을 그 수상한 고행에서 건져 내야겠네. 우리 식사나 하면서 의논해 보세."

그러나 산초는 여관에 들어가려 하지 않았다.

"점심을 사 주신다면 저는 여기서 먹겠어요."

이발사는 산초의 청을 들어주고, 신부와 함께 돈키호테를 구출할 방법에 대해 의논하였다.

신부의 생각에는 자기가 길 가는 여자로 분장하고, 이발사는 그 하인이 되어 돈키호테에게 가는 것이 좋을 것 같았다.

그렇게 차리고 돈키호테에게 가서,

"기사님, 저는 원수를 갚기 위해 여행을 하는 연약한 여자입니다. 천하에 둘도 없이 용감하신 나리께 청을 드리오니, 제발 제가 원수를 갚는 일에 힘이 되어 주십시오!"

하고 말하면, 돈키호테는 두말 하지 않고 따라나설 것이 분명했다.

그래서 곧 실천에 옮기기로 하였다. 신부는 여관 주인 아주머니에게 부탁하여, 치마와 여자 모자를 빌렸다. 그리고 이발사는 여관 주인에게 소 꼬리를 빌려 수염을 만들었다.

주인 아주머니는 이상한 얼굴로 물었다.

"대체 무엇에 쓰려고 그러세요?"

신부는 돈키호테의 미치광이 놀음에 대하여 간단히 설명하고, 변장을 해서 산으로 들어가 돈키호테를 데려오려 한다고 말했다.

그러자 여관 주인 아주머니는 손수 옷을 입혀 주기도 하며, 여러 모로 도움을 주었다.

신부는 검은 헝겊으로 머리를 감싸고, 흰 헝겊으로 눈만 남긴 채 얼굴을 다 가렸다. 그리고 그 위에 모자를 푹 눌러쓰고, 여행 망토로 몸을 감싸고는 당나귀에 올라탔다. 이발사는 수염을 길게 늘어뜨리고 역시 당나귀에 올라탔다.

그런데 이처럼 변장을 하고 떠났으나, 신부는 얼마 안 가서 마음이 변했다.

'하느님께 봉사하는 내가 이런 몰골을 하다니, 이것은 죄송스러운 일이다.'

신부가 이발사에게 말했다.

"이발사 영감, 아무래도 내가 여자 차림을 한다는 것은 부끄러운 일이오. 그러니, 우리 역할을 바꾸는 게 어떻겠소? 내가 하인 노릇을 할 테니 영감이 여자 역할을 해야겠소. 영감은 시골 극단에서 가끔 배우 노릇을 해 본 적이 있지 않소?"

그래서 신부와 이발사는 목적지에 가서 배역을 서로 바꾸기로 하고, 산초를 데리고 곧 길을 떠났다.

산초는 가는 도중에, 자기와 돈키호테가 산 속에서 만난 이상한 미치광이 청년의 이야기를 들려주었다.

다음 날, 일행은 무사히 꽃을 뿌려 둔 장소에 이르렀다.

산초가 말했다.

"여기가 입구입니다. 옷을 바꿔 입으려면 이 근처에서 입으십시오. 나는 곧 주인을 찾아볼게요."

"그렇게 하게. 그렇지만, 자네 주인에게 우리가 누구라는 건 절대로 알려서는 안 되네. 알겠지?"

"예, 알겠습니다."

"그리고 공주님이 무어라고 대답했느냐고 물으면, 곧 마을로 돌아오라고 했다고 대답하고, 그렇지 않으면 자기 마음이 기사님으로부터 떠날 것 같다고 말했다고 전하게!"

"그렇게 되면 두 분이 굳이 변장을 하고 가서 말하지 않더라도, 주인님은 곧 마을로 돌아갈 것 같군요."

산초는 이렇게 말하고, 자기가 가기 전에 뿌려 놓은 꽃을 찾으면서 산 속으로 더듬더듬 걸어 들어갔다.

신부와 이발사는 길가에 앉아서 쉬기로 하였다. 8월의 무더운 햇살이 내리쬐는 물가의 서늘한 나무 그늘 아래 잠시 누워 있으려니, 어디선가 노랫소리가 들려왔다.

'이런 깊은 산 속에서 누가 노래를 부르는 걸까?'

그 노랫소리는 시골 목동이 부르는 그런 초라한 노래가 아니라, 도회지의 교양 있는 사람의 노래였다.

신부와 이발사는 그 노랫소리에 가만히 귀를 기울이고 있었다. 그 노랫소리는 갑자기 슬픈 곡조로 변하더니, 깊은 한숨을 내쉬면서 끝이 났다. 그러더니 이어서 울음소리가 들려왔다.

두 사람은 서로 얼굴을 마주 쳐다보다가, 약속이나 한 듯이 노랫소리의 주인을 찾으려고 자리에서 벌떡 일어났다.

눈앞의 시냇가에 큰 바위가 보여 그 바위를 돌아가 보니, 다 떨어진 바지만 몸에 걸친 벌거숭이 청년이 쭈그리고 앉아 울고 있었다.

"흠, 산초가 이야기한 그 미친 청년이로군!"

신부가 말하고 나서 청년의 옆으로 다가가 한바탕 설교를 하기 시작했다.

청년은 신부가 생각한 대로 미친 갈디니오였다. 그는 마침, 제정신이 들었을 때여서 신부의 설교를 얌전히 듣고 있었다.

"젊은이, 무엇 때문에 이 깊은 산 속에 들어와 혼자 이 고생을 하고 있소? 나는 하느님의 일을 보는 신부요. 무슨 마음의 큰 상처를 받았는지 알 수 없으나, 사람의 마음속에 하느님만 모시면, 아무리 큰 슬픔도 능히 감당해 내고 소망을 잃지 않는 법이오. 이런 때일수록 먼저 하느님을 찾아야 하오."

청년은 신부의 말을 듣고 나서 자기 신세를 이야기하였다.

그의 말에 의하면, 서로 믿고 있던 그 처녀가 청년을 배반하고 딴 남자와 결혼을 했다는 것이었다. 청년이 세상을 저주하며 산 속으로 온 이유는 그것 때문이었다.

신부와 이발사는 그 말을 듣고, 좋은 위로의 말이 없을까 생각해 보았다. 그 때, 멀리서 또 다른 사람의 목소리가 들려왔다.

그 목소리는 갈디니오 청년의 목소리만큼이나 슬프게 들려왔다.

기묘한 인연

"오, 하느님이시여! 이제 더는 살아갈 힘을 잃은 이 몸은 몰래 숨어 버릴 곳을 찾아 냈습니다. 이 쓸쓸하고 조용한 산이야말로 나의 묘지입니다. 저 바위나 수풀이 나의 슬픈 마음을 알아줄 것입니다. 그렇지만 세상 사람들은 내 마음을 알지 못합니다."

이 목소리는 가까운 곳에서 들려오는 것 같았다. 신부와 이발사는 물론, 갈디니오도 소리나는 곳을 살펴보았다. 바로 눈앞 바위 옆에 한 소년이 물가에 앉아서 발을 씻고 있었다.

세 사람은 바위 뒤에서 그 광경을 지켜보았다.

소년은 발을 닦고, 이번에는 두건을 벗고 머리를 흔들었다. 그러자 아름답게 빛나는 금발머리가 어깨까지 내려왔다. 세 사람은 깜짝 놀랐다.

남자인 줄만 알았던 그 소년은 아름다운 처녀였다.

세 사람이 호기심에 자세히 살펴보자, 처녀는 그들을 발견하고 깜짝 놀라 급히 도망치려다 돌에 걸려 넘어지고 말았다. 신부가 처녀의 옆으로 다가서며 말했다.

"그렇게 놀랄 것 없어요. 나는 신부요! 이 험한 산에서 그 약한 발로 뛰어가다가는……."

처녀는 놀라서 말도 제대로 하지 못하였다.

신부가 말을 이었다.

"당신이 처녀라는 것은 그 머리카락을 보고 알게 되었소. 무엇 때문에 그런 차림을 하고 이 산 속에 들어왔는지 나에게 말해 주오. 힘이 되어 주려고 그래요."

처녀는 그 때서야 입을 열었다.

"고맙습니다. 제가 남자 옷차림을 하고 이런 곳에 온 데에는 깊은 사연이 있습니다."

처녀는 이렇게 말하고, 돌에 걸터앉아 눈물을 머금고 이야기를 시작하였다. 처녀의 사연을 들어 보니, 갈디니오를 슬프게 한 그 일과 내용이 비슷하였다.

처녀의 이름은 도로테아이며 지주의 딸로서, 어떤 귀족의 아들과 결혼하기로 되어 있었다. 그러나 그 남자는 도로테아를 버리고 다른 여자와 결혼을 하고 말았다.

그러니까 갈디니오의 약혼녀가 딴 남자와 결혼한 것과 정반대이면서도 비슷하였다.

그런데 갈디니오를 버린 그녀는 도로테아를 버린 남자와 결혼을 한 것이었다. 갈디니오가 슬픔에 못 이겨 이 산 속에 들어온 것처럼, 도로테아도 슬픔에 못 이겨 남자로 변장을 하고 이 산 속을 헤매고 있었던 것이다.

신부는 눈물을 글썽이며 이야기를 듣고 있다가, 이 처녀와 갈디니오의 이상한 관계를 알아차리고, 소설보다 더 신기하다고 하며 기뻐하였다.

신부는 두 남녀에게 말했다.

"자네들에게 반드시 행운이 돌아올 걸세. 같은 운명에 빠진 사람들이 같은 산 속에서 만나게 되었다는 것은 하느님의 뜻이니, 앞으로 서로를 의지하며 위로하고 지내도록 하게. 자, 두 사람 다 이런 산 속에서 죽으려고 하지 말고 이제부터 마을로 내려가게. 나도 도와줄 테니까."

"나도 조금이라도 도와주겠소."

이발사가 말했다.

갈디니오와 도로테아는 기뻐하였다. 잠시 후에 신부는 자기 일행이 이 산 속에 들어오게 된 내력을 이야기하였다. 그 때, 돈키호테를 데리러 갔던 산초가 낙심하여 돌아왔다.

"어떻게 되었나, 나리는?"

신부가 물었다.

산초는 울음 섞인 목소리로 대답하였다.

"꼼짝달싹도 하지 않습니다. 공주님께서 급히 마을로 돌아오란다는 말을 전했더니, 둘시네아 공주님 앞에 떳떳이 나설 만한 공명을 세우지 않으면 절대로 고향 땅을 밟지 않겠다고 하시지 뭐예요. 다 떨어진 내의 한 벌만 걸치고는, 먹을 것도 제대로 못 먹어 눈은 쑥 들어가고, 얼굴은 흙빛으로 바짝 여위었어요. 제가 보기에는 앞으로 사흘도 못 가서 죽을 것만 같아요."

"신부님, 그렇다면 우리가 여기서 우물쭈물할 때가 아닌데요. 아무래도 내가 나설 차례가 된 것 같군요."

이발사는 이렇게 말하면서 낡아빠진 여자 옷으로 갈아입으려고 하였다.

"정말 우리가 나서야 할까 보오. 그럼, 나도 수염을 달아야겠는걸."

신부도 서둘렀다.

그러자 도로테아가 좋은 생각을 말하였다.

"슬픈 여행을 하는 소녀의 역할이라면 제가 더 잘할 것 같아요. 마침 옷도 갖고 있으니까 잘 됐어요. 더구나 저는 기사 소설을 많이 읽었기 때문에, 그런 소녀가 기사에게 청을 드리는 방법도 잘 알고 있답니다."

"거 참, 잘 되었군."

신부는 무릎을 치며 좋아하였다.

도로테아는 보따리 속에서 고급 천으로 만든 치마와 윗옷을 꺼냈다. 그리고 작은 상자에서 아름다운 목걸이와 여러 가지 보석을 꺼내어 귀족의 딸 모습을 갖추었다.

그러자 조금 전까지도 시골 농부의 딸로만 보이던 도로테아는 아름다운 공주로 변하였다.

"야아!"

산초는 탄성을 울렸다.

"나는 이 세상에서 이렇게 아름다운 아가씨는 정말 본 적이 없어."

"산초, 자네한테는 아직 말하지 않았지만, 이 공주님은 조금만 있으면 미코나 대왕국의 여왕이 되실 분이네. 사나운 거인에게 복수를 해 달라고 멀리서 자네 주인을 찾아왔단 말일세."

신부가 말했다.

"아, 그러세요? 용케 이런 곳으로 찾아오셨군요. 우리 주인에게도 좋은 운수가 돌아올 것 같군요. 우리 주인은 유령을 만나면 꼼짝도 못 하지만, 거인 녀석을 처치하는 건 문제가 아닙니다. 신부님, 우리 주인이 그 거인을 죽여 버리면 여왕의 남편이 되라고 주인에게 전하겠어요. 만일, 일이 그렇게 잘 되면 섬 한두 개쯤은 저한테 돌아올지도 모르거든요. 그리고 보니 고마운 공주님이 오셨군요. 그런데 신부님, 이 공주의 이름은 무엇이라고 부르지요?"

"미코미나 공주라고 부르오."

도로테아는 신부의 당나귀에 올라타고, 긴 수염을 단 이발사가 그 뒤를 따르기로 하였다.

산초는 신이 나서 도로테아와 이발사를 안내하여 돈키호테의 수도장으로 떠났다. 그리고 신부와 갈디니오는 천천히 그 뒤를 따라갔다.

약 10리쯤 갔을 때, 도로테아 일행은 우툴두툴한 바위가 솟아 있는 장소에 이르렀다.

그 바위 틈에 돈키호테가 고목처럼 우뚝 서 있었다.

산초는 로시난테의 등에서 손짓을 하며 말했다.

"바로 저 분이 우리 주인님이오. 이름은 돈키호테라고 부르지요."

도로테아는 이발사를 데리고 돈키호테 앞으로 가서 당나귀에서 내리더니, 무릎을 꿇었다.

"용감하신 기사님, 저는 먼 곳에서 당신을 뵙고자 이렇게 찾아온 연약한 여자이옵니다. 큰 치욕을 당해 고민하는 소녀를 구해 주십시오."

그러자 돈키호테가 말했다.

"오, 아름다운 공주님이여!"

돈키호테는 도로테아의 어깨에 손을 얹고 일으켜 세우려고 하였다.

"그대가 땅에서 일어나지 않으시면 소인은 대답을 못하겠소. 그리고

그대의 말에 귀도 기울이지 않겠소."

"아니옵니다. 기사님이야말로 제 청을 들어주지 않는다면, 저는 언제까지나 몸을 일으키지 않겠습니다."

도로테아가 대답하였다.

그 때 산초가 주인 옆으로 슬그머니 다가가 속삭였다.

"나리, 이 공주님의 소원쯤은 들어주셔도 무방할 것 같은데요. 거인 한 놈만 없애면 되는 일이에요. 아시겠어요? 이 분은 황송하옵게도 미코나 왕국의 여왕님이 되실 공주님이십니다."

"어떤 분이든 간에 내가 할 일이 있고, 해서는 안 될 일이 있는 것이다. 그 구분은 엄격히 지켜야 한다."

돈키호테는 이렇게 말하면서 도로테아의 앞으로 다가갔다.

"공주님이여! 그러면 무슨 소원인지 말씀해 주세요."

도로테아가 대답하였다.

"나의 소원은 다름이 아니라, 기사님께서 저와 함께 가셔서 내 왕국을 빼앗은 반역자를 처단해 주십사 하는 것입니다. 이 일이 성공할 때까지는 다른 모험에 손을 대지 않겠다고 저와 약속해 주실 수 있겠어요?"

"오, 그렇소? 그대 소원대로 움직이겠으니 안심하십시오. 이제부터는 염려하실 것 조금도 없소이다. 어떤 강적이라도 하느님의 도움과 소인의 용기로 반드시 왕국을 도로 찾아 드리겠습니다. 소인이 일단, 이렇게 마음먹은 이상 곧 실행에 옮기겠습니다."

"감사합니다."

도로테아는 돈키호테의 손에 입을 맞추려고 하였으나, 돈키호테는 이것을 허락하지 않았다. 돈키호테는 도로테아를 정중히 일으키고, 로시난테에게 안장을 얹은 다음 말했다.

"자, 존귀하신 공주님을 위하여 출발하자!"

이발사는 웃음이 터져 나오려는 것을 참으려다, 그만 가짜 수염을 아래로 떨어뜨릴 뻔하였다. 그는 돈키호테가 말에 올라타는 동안에 얼른 수염을 다시 붙이고, 도로테아를 당나귀에 올려 앉힌 다음, 자기도 당나귀에 올라탔다.

산초는 돈키호테에게 말을 빼앗기고 나니, 자기가 타던 당나귀를 도둑 맞은 것이 새삼스럽게 분했다.

그러나 산초는 기분이 우쭐하였다. 지금까지 해 온 모험들은 모두가 어리석은 것뿐이었으나, 이번만은 십중팔구 틀림이 없을 것 같았다.

'적어도 주인님은 미코나 왕국의 임금이 되겠지. 나도 그 나라에 가서 편히 살아야지.'

이렇게 생각하니 산초는 매우 신이 났다.

한편, 갈디니오와 신부는 숲 속에서 그 광경을 바라보며, 네 사람이 합칠 궁리를 하고 있었다.

언제나 큰 계획을 잘 꾸미는 신부는 자기 짐에서 가위를 꺼내어 갈디니오의 수염을 잘라 없애고, 자기 윗저고리와 조끼를 벗어서 입힌 다음, 그 위에 까만 망토를 입혔다.

그래서 신부는 바지와 내의만 몸에 걸치게 되었으나, 갈디니오는 제법 의젓한 신사가 되었다.

그리고 신부는 돈키호테 일행이 말을 타고 돌이 깔린 산을 천천히 내려오는 동안에, 뒷길을 돌아서 급히 벌판에 먼저 내려와 일행을 기다리고 있었다.

이윽고 그 일행은 산에서 겨우 내려왔다. 신부는 돈키호테의 얼굴을 유심히 쳐다보다가 갑자기 두 팔을 벌리고 커다란 목소리로,

"오, 이게 누구요? 저 라 만차의 돈키호테 님이 아니오? 참으로 오래

간만이오."

하고 말에 탄 돈키호테의 무릎을 꼭 붙잡았다.

산 속에서 속세를 등지고 있던 돈키호테는 신부를 보자, 잠시 옛 기억을 더듬더니 그 때서야 자기와 가까운 친구임을 알아차리고 말에서 내리려고 하였다.

"하느님께 봉사하는 신부님을 걷게 하고, 소인이 말 위에 앉아 있어서는 안 되지요."

"아, 천만에! 기사님의 훌륭한 공명은 모두 말 위에서 세웠으니만큼 그대로 앉아 계시오. 나는 어느 분의 당나귀 뒤에라도 태워 주시면 영광으로 생각하겠습니다."

신부가 말했다.

그러자 이발사가 당나귀에서 내리고 대신 신부를 태웠다.

돈키호테는 도로테아에게 말했다.

"자, 이제부터 공주님께서 원하시는 곳으로 안내하십시오."

"예, 그렇게 하지요."

"오, 공주님의 안내라, 대체 어디로 가시려는 겁니까?"

신부가 물었다.

"미코나 왕국으로 가려고 해요."

도로테아의 대답이었다.

"아, 그러십니까? 그렇다면 이 사람의 동네를 지나셔야겠군요. 그 다음에 갈다헤나에 가서 배를 타는 것이 순서입니다. 바다가 조용하면 약 9개월 걸려야 도착할 겁니다."

도로테아가 대답하였다.

"그렇게는 걸리지 않을 거예요. 내가 우리 나라를 떠날 때 바다는 풍파가 심했어요. 그래도 몇 달이 안 되어 내가 도움을 바라던 분을 만나러 이 나라에 왔는데, 돈키호테 님의 평판이 대단하더군요. 무용담으로 말하면 만민을 상대할 수 있고, 자비심은 바다보다도 넓다고 하지 않겠어요? 그래서 나를 구해 주실 분은 이 분뿐이라고 생각했어요."

그러자 돈키호테가 말했다.

"그런데 신부님, 당신은 하인도 없이 혼자서 이 곳에 오셨으니 웬일이십니까?"

"실은 전부터 가까이 사귀어 오던 이발사와 함께 세비야까지 갔다가 돌아오는 길이오. 몇 해 전에 인도에 건너간 친척이 내게 돈을 보내왔기에 그걸 찾으러 갔던 길이오. 그런데 이 근방에서 네 놈의 강도를 만나 다 털리고, 보시는 바와 같이 내의 하나만 남았소. 듣자 하니, 그 네놈의 도둑 녀석들은 죄인선에 끌려가다가 도중에 도망쳤다고 하더군요. 자칭, 호걸이라고 하는 자가 나타나더니 경관들을 쫓아내고 죄인들을 도망치게 했다고 하는데, 내 참 어이가 없어서……. 마치 양 떼 속에 이리를 풀어 놓은 격이지 뭐요?"

신부는 산초에게 죄인을 풀어 준 이야기를 들었기 때문에 이렇게 말하였다. 돈키호테는 이맛살을 찡그리고 아무 대꾸도 하지 않았다.

신부가 말을 이었다.

"덕분에 나는 큰 재난을 받았으나, 하느님은 죄인의 편을 들어, 그들을 도와준 자가 악당이라고 해도 용서해 주시겠지요."

부풀어오르는 꿈

산초가 옆에서 신부의 말을 받아 대답하였다.

"신부님, 실은 그런 장한 일을 하신 이가 바로 우리 주인이십니다."

신부는 짐짓 깜짝 놀란 체하며 말했다.

"아, 그러세요? 이거 그런 줄도 모르고 아무렇게나 말해서 실례가 많았소."

산초가 말했다.

"나리, 그것 보세요. 제가 뭐라고 했어요? 그런 나쁜 놈들은 잘못 건드리면 천벌을 받는다고 입이 닳도록 말했잖아요."

그러자 돈키호테가 그만 화가 나서,

"닥쳐! 어리석은 녀석 같으니!"

하고 고함을 질렀다.

"사람이 쇠사슬에 매여 끌려가는 것을 보고도, 기사로서 잠자코 있을 수 있어? 그들에게 죄가 있든 없든 약자를 돕는 게 기사의 임무야. 눈앞에 고통을 당하는 사람을 바라보면서 어찌 가만히 있을 수 있겠느냐? 나는 다만 불행에 시달리는 사람을 구해 주었을 뿐이야. 내 행동을 탓하는 자는 기사도가 뭔지 모르는 인간이야. 나는 이 칼로 목을 쳐서라도 기사도가 무엇인지를 보여 줄 것이다."

돈키호테는 말 위에서 가슴을 쭉 폈다. 자못 공기가 험악하였다. 그때 현명한 도로테아가 돈키호테에게 말했다.

"기사님, 약속을 어겨서는 안 돼요. 내 원수를 갚을 때까지는 어떤 모험도 하지 않기로 했잖아요? 자, 마음을 가라앉히세요. 그리고 신부님도 기사님의 공명에 흥이 되는 말씀은 삼가해 주세요."

"옳은 말씀이오, 조심하겠소."

신부가 말했다.

"그런데 공주님, 그대의 불행은 무엇입니까? 그리고 소인이 원수를 갚아야 할 적은 대체 어떤 놈입니까?"

"예, 말씀 드리겠습니다."

도로테아는 그럴 듯하게 이야기를 시작하였다.

"저의 아버님은 디나그리오 왕이라고 불리며, 마술에도 능한 학자였어요. 어머니는 하라미라고 하고요. 아버님은 마술의 힘으로, 어머니께서 먼저 세상을 떠나실 것과, 그 후 몇 해가 지나면 아버님 자신도 돌아가셔서 제가 고아 신세가 될 것이라는 것을 미리 알고 계셨어요. 그런데 아버님이 제일 걱정하신 것은 옆에 있는 거인 나라에서 쳐들어오는 것이었어요. 이 거인 왕은 고래 눈이라서 보기만 하여도 몸이 떨릴 지경이에요. 아버님은 당신께서 돌아가시면 거인이 우리 나라를 빼앗고, 연약한 나는 거인의 아내가 될 수밖에 없을 것이라고 생각하신 끝에 '너는 거인 왕이 쳐들어오면 절대로 대항하지 말고, 하인 한 사람을 데리고 바다를 건너 도망을 하거라. 그러면 반드시 너를 구해 줄 용사를 만나게 될 것이다.'라고 저에게 말씀하셨어요."

"공주님, 그 용사는 바로 돈키호테입니다. 별명은 '찡그리는 기사'이고요."

곁에서 산초가 코를 움찔거리며 말하였다.

"오, 그래요? 돈키호테 님이세요? 아버지께서 저에게 말씀하시기를, 그 분은 키가 크고 얼굴은 미남이며 왼쪽 어깨 아래쪽에 털이 난 혹이 달려 있을 거라고 하셨어요."

그러자 돈키호테는 산초에게 명령을 하였다.

"산초야! 내 옷을 벗기고 현명한 공주님의 말씀이 맞나 안 맞나 살펴보아라."

"나리, 발가벗을 필요까지는 없어요. 제가 벌써 다 보았어요. 주인님의 등에는 그런 혹이 달려 있어요. 그건 강한 남자라는 표시라고 하던데요!"

도로테아가 말했다.

"이젠 됐어요. 그 말로 충분해요. 돌아가신 아버님께서 말씀하신 용사는 돈키호테 님임에 틀림없어요. 내가 바다를 건너 오스나에 상륙했을 때, 내 귀에 들려온 것은 기사님에 대한 놀라운 평판이었어요. 그래서 나는 이 분이야말로 내가 의지할 용사라고 생각했어요."

"그런데 공주님. 공주님께서 방금 오스나에 상륙했다는 말씀은 좀 이상한데요. 그 곳은 항구가 아닌데요?"

돈키호테가 고개를 갸우뚱하며 물었다.

"아니지요. 이 공주님은 바닷가에 상륙하셨을 겁니다."

신부가 말을 이었다.

"그리고 오스나에 이르렀을 때, 그런 평판을 들으셨다는 뜻이었을 겁니다."

"정확히 말하면 그렇습니다."

도로테아가 말했다.

"나도 그런 줄 알았어요. 말씀을 계속 하세요."

도로테아가 돈키호테의 재촉에 말을 이었다.

"어쨌든 저는 돈키호테 님을 만나 이제는 운도 열리고, 나라를 회복하여 여왕이 될 것 같은 기분입니다. 기사님께서는 내가 안내하는 곳까지 가시겠다는 약속까지 하셨고, 더구나 기사님은 거인의 목을 벨 수 있는 용사이십니다. 아버지의 유언에 의하면 거인을 없앤 용사가 만일 나와 결혼하고 싶어한다면, 그 분의 아내가 되라고 하셨습니다."

돈키호테는 기뻐서 어쩔 줄 몰라하였다.

"나는 어떤 위험을 당하더라도 공주님과의 약속을 반드시 이루고 말겠습니다. 하느님의 보호와 나의 용기로 거만한 거인의 목을 잘라 없애겠습니다. 그러나 공주님, 그대가 여왕의 자리에 오르는 날에는 소인은 세상의 악한 자를 위해 다시 세상을 돌아다니는 기사가 되고자 합니다."

"나리, 그것은 안 됩니다. 공주님께서 나리와 결혼하자고 그러는데, 다시 이전과 같은 거지가 되겠다고 하시니 그건 말도 안 돼요. 주인님, 그런데 공주님과의 약속은 지키고, 나와의 약속은 지키지 않을 리 없겠지요? 나에게 약속한 섬은 어떻게 되는 거예요?"

"이 녀석, 닥치지 못해!"

돈키호테는 창 자루로 산초의 등을 내리쳤다. 산초는 재빨리 땅바닥에 납작 엎드려 창을 피하였다.

그 때 산초의 눈에 띈 것은, 저쪽에서 당나귀를 타고 오는 사나이였다. 산초는 벌떡 일어나서 말했다.

"주인님, 저것 좀 보세요. 저기 당나귀를 타고 오는 녀석은 쇠사슬을 끊고 도망친 피네스 데 파사몬드입니다. 그러니 저 당나귀는 내 것이 틀림없어요."

산초의 말이 맞았다.

그 죄인은 산 속에서 훔친 산초의 당나귀를 타고, 유유히 다가오고 있었다.

"잘 만났다, 이 녀석! 당장 내 보물을 거기에 놓고 가거라."

산초가 소리를 질렀다.

그러자 죄인은 얼떨결에 당나귀에서 뛰어내려 멀리 도망쳐 버렸다. 상대편의 수가 많아 자기 혼자 힘으로는 당할 수가 없다고 생각하였기 때문이다.

산초는 재빨리 뛰어가 당나귀의 목을 껴안고, 당나귀의 귀와 입, 코, 이마 등에 마구 키스를 하며 기뻐서 어쩔 줄을 몰라하였다.

돈키호테도 기분이 좋아,

"네 당나귀가 네 손에 돌아왔어도, 약속한 내 당나귀 세 마리는 틀림 없이 너에게 주마!"

하고 산초를 위로하였다.

돈키호테는 당나귀를 탄 산초와 어깨를 나란히 하고 길을 가면서 말했다.

"산초야, 너에게 물어 볼 말이 있다. 너는 둘시네아 공주님을 언제 어떻게 만났느냐? 공주님은 무엇을 하고 계시더냐? 그리고 공주님에게 무엇이라고 말씀 드렸으며, 또 공주님은 무어라고 대답하시더냐? 내 편지를 읽고 어떤 얼굴을 하시고, 또 그 편지는 누구에게 써 달라고 부탁하였느냐?"

"나리, 사실은 그 편지를 안 가지고 떠났습니다."

"그렇지. 네 말이 맞다. 네가 떠난 지 이틀 후에 내 주머니에서 그 편지를 발견하였다. 그래서 나는 네가 반드시 그 편지를 찾으러 되돌아 올 줄 알았다."

"나리가 저에게 그 편지를 읽어 주셨을 때, 머릿속에 깊이 외워 두었어요. 그래서 어느 교회에 가서 신부님에게 사정하여 글자 하나도 틀리지 않고 새로 썼어요."

"오, 그래? 잘했다. 그럼, 말을 계속 하거라. 네가 도착했을 때 공주님께서는 무엇을 하고 계시더냐? 진주에 실을 꿰고 계시더냐? 혹은 공주님을 사모하는 이 기사에게 주기 위해, 금실로 수를 놓고 계시더냐?"

"아뇨, 공주님은 밭에서 밀 이삭을 줍고 있던데요."

"밀 이삭도 공주님의 손이 한번 닿으면 대뜸 진주로 변하는 것이다. 내 편지를 보았을 때, 어떤 얼굴을 하시더냐? 편지에 키스를 하시더냐?"

"내가 편지를 전하려고 하자 공주님은 밀 이삭을 고르면서 '그 따위 종이는 저 가마니 위에 올려놓아요. 일을 마치기 전에는 보고 싶지 않아요.' 하시고 분주히 일만 하셨어요."

"음, 나중에 천천히 읽으려고 그러셨겠지. 그래, 일을 하시면서 무슨 말씀이 계시지 않았느냐?"

"아무 말도 없었어요. 그래서 제가 '우리 주인님은 산 속에서 야만인 처럼 벌거벗고 있으며 수염도 깎지 않고, 땅에서 자면서 공중제비만 하고 계신다.'고 말했어요."

"나는 높으신 공주님을 위해 나 자신의 몸을 괴롭히고 있는 것이다. 그래도 나는 공주님처럼 마음씨가 곱고 높으신 분을 내 마음의 공주로 삼은 것을 행복하게 생각하고 있다."

"그렇습니까? 높긴 대단히 높더군요. 저보다도 한 뼘이나 더 높았으니까요."

"네가 공주님과 키라도 대어 본 적이 있느냐?"

"예, 공주님께서 밀을 당나귀 등에 올려놓을 때 제가 도와 드리려고 다가갔어요. 그래서 저보다 키가 훨씬 크다는 것을 알았어요."

"공주님께서는 그렇게 높은 키를 여러 가지 아름다운 마음으로 장식하고 계신 거다. 아마도 산뜻한 향기가 그 몸에서 풍겼을 것이다."

"예, 공주님 몸에서 냄새가 나기는 했어요. 일을 하도 열심히 하셔서 땀 냄새가 코를 찌르더군요."

"그건 네 몸에서 나는 땀 냄새였을 게다. 공주님께서는 은은한 향기를 풍기고 계셨겠지. 그래, 일을 마치고 나서 공주님께서 편지를 읽은 후에 무어라고 말씀하시더냐?"

"글을 몰라 편지를 읽지 못하겠다고 하셨어요. 그러면서 나리께서 보낸 편지를 동네 사람들이 알면 창피하다고 찢어 버렸어요. 나리께서 공주님을 위해 기꺼이 고행하고 있다고 말하니까, '산 속에서 미치광이 짓일랑 작작 하고 빨리 마을로 돌아오는 것이 좋겠다.'고 하시더군요."

"그건 그렇고, 네가 공주님에게 작별 인사를 했을 때 공주님이 네게 어떤 보석을 주시더냐?"

"용돈 말이에요? 제가 돌아오려고 하니까 냄새나는 빵과 치즈 조각을 한 조각씩 주더군요."

"아마, 마침 그 때 보석을 손에 갖고 있지 않았던가 보구나. 그런데 산초야! 저 산에서 엘 토보소까지는 100킬로미터가 되는데, 너는 사흘 만에 돌아왔으니 참으로 놀라운 일이로구나. 이건 분명히 내편이 되어 있는 마술사가 너도 모르게 하늘을 날게 한 모양이구나!"

"아마 그럴 테지요. 아무튼 로시난테가 쏜살같이 달렸으니까요."

"네 말이 옳다. 마술사가 나를 위해 움직여 준 게로구나! 나는 공주님 말씀대로 빨리 돌아갔으면 좋겠다만, 미코미나 공주님과의 약속이 있으니 어떡하지? 기사로서 약속을 어길 수도 없고……. 내 생각 같아서는 빨리 그 거인이 있는 곳에 가서 그놈을 쳐 없애고, 이 공주님을 여왕의 자리에 오르게 한 다음 고향으로 돌아가도, 우리 둘시네아 공주님께서 늦었다고 노하시지는 않으리라고 본다."

"생각 잘 하셨습니다. 조그마한 동네 일보다는 여기 계시는 공주님의 나라로 가시는 편이 좋을 줄 압니다. 행복이 저절로 굴러들어올 테니까요."

"그 나라에 가서 공만 세운다면, 내가 원하는 것은 무엇이든 손에 넣을 수 있을 테니, 왕국의 일부를 너의 영토로 나눠 달라고 할 테다!"

"그러세요? 감사합니다, 나리! 저는 바다가 있는 쪽의 땅을 갖고 싶어요."

돈키호테 일행은 샘가에 이르렀다. 그들은 말을 세우고 한참 쉬기로 하였다.

갈디니오는 도로테아가 처음 남장을 하고 있을 때 입고 있던 농부의 옷으로 갈아입고 땀을 씻으며, 여관에서 신부가 가지고 온 점심을 나누어 먹었다.

그 때 한 소년이 길을 가다가 돈키호테의 얼굴을 보더니, 갑자기 달려들어 자기를 모르겠느냐고 다그쳤다.

"저는 기사님이 구해 주신 안드레스예요. 왜, 그 주인에게 호되게 얻어맞고 있던 안드레스 말이에요."

"오, 그 아이구나!"

돈키호테는 그 때서야 소년에게 심하게 굴던 농부를 혼내 준 일을 떠올리고 물었다.

"그래, 그 때 주인에게 품삯을 얼마나 받았느냐?"

"품삯은커녕 죽도록 얻어맞기만 했어요. 그 때 나리께서 주인을 그처럼 혼내 주지 않았다면, 매나 얻어맞고 나서 품삯을 좀 받았을 텐데……. 나리께서 주인을 혼내 주는 바람에 한 푼도 받지 못했어요."

"그래? 저런 괘씸한 녀석 같으니! 그럼, 나하고 같이 가자. 내가 꼭 그놈을 찾아내어 품삯을 받게 해 주마."

돈키호테는 자리에서 벌떡 일어났다. 그러자 도로테아가 돈키호테의 소매를 붙잡으며 말했다.

"아니, 어디로 가시려는 거예요? 저하고의 약속을 지켜야지요."

도로테아의 말에 돈키호테는 얼굴을 찡그리며 소년에게,

"나는 이제부터 먼 곳에 볼일이 있어 가는 길이다. 돌아올 때 네 원수를 꼭 갚아 줄 테니 조금만 참고 기다리거라!"

하고 말했다.

그러자 소년이 말했다.

"나리께서 언제 돌아오실 줄 알고 무작정 기다릴 수 있어요? 그보다도 저는 지금 배가 고파 죽을 지경이니, 먹을 거나 있으면 좀 주세요."

산초는 가죽 주머니 속에서 빵과 치즈를 각각 한 조각씩 꺼내어 소년에게 주었다.

소년은 그것을 받아 한입에 쑤셔 넣고 어디론가 휙 사라져 버렸다. 돈키호테는 그 뒤를 멍하니 바라보았다.

거인의 목

이튿날, 일행은 산초가 은근히 두려워하는 문제의 여관에 이르렀다. 산초는 될 수 있으면 그 여관을 지나치려고 했으나, 그럴 수가 없었다.

여관 주인과 아주머니, 딸과 하녀까지 나와 싱글거리며 돈키호테 일행을 맞이하였다.

돈키호테는 위엄스러운 어조로 말했다.

"좋은 침실로 안내하시오."

여관 주인 아주머니는,

"예예, 알겠습니다. 숙박료만 잘 내신다면……."

하고 말했다.

돈키호테가 말했다.

"돈은 얼마든지 주겠소."

여관 주인 아주머니는 다락방에 전보다 나은 침대를 마련하고, 일행을 안내하였다.

돈키호테는 금방 잠이 들었다.

주인 아주머니는 일행 중에서 이발사의 수염을 쥐고 말했다.

"이건 얼른 돌려주세요. 소 꼬리가 없어 참빗을 꽂는 데 여간 불편하지 않아요."

"아주머니, 제발 좀 참아 주세요. 이걸 돌려 드리면 내 정체가 금방 드러나고 말아요."

이발사는 완강히 거절하였다.

"영감, 뭘 그러시오? 그까짓 것 도로 내주시지요!"

신부가 말을 이었다.

"이제는 정체를 드러내도 무방하겠지요. 돈키호테에게는 죄인선에 가는 악한들을 만나 이 여관으로 도망쳐 왔다고 하지요. 공주님의 하인은 어떻게 되었느냐고 물으면, 공주님의 나라로 먼저 떠났다고 말하면 돼요."

이발사는 이 말을 듣고, 소 꼬리를 주인 아주머니에게 돌려주었다. 그리고 전에 변장하기 위해 빌렸던 옷도 돌려주었다.

그들은 돈키호테가 잠자는 동안에 저녁 식사를 하였다.

식사를 마치고 여관 사람들이 모두 한자리에 앉아 즐겁게 이야기를 나누고 있는데, 산초가 다락방에서 급히 뛰어내려와 신부에게 매달리며 외쳤다.

"큰일났어요. 빨리 와 보세요!"

"아니, 왜 그래?"

신부가 물었다.

"큰 싸움이 시작됐어요. 주인님을 살려 주세요. 무서운 격투가 벌어졌어요. 주인님이 미코미나 공주님의 원수인 그 거인의 목을 베려고 덤벼들고 있어요."

"거, 무슨 잠꼬대 같은 소리를 하는 거야?"

신부는 의아한 얼굴을 하고 물었다.

그 때, 다락방에서 '우당탕' 하는 큰 소리가 들리면서, 돈키호테의 고함 소리가 들렸다.

"야, 이 도둑놈아! 고래 눈아! 어디 내 솜씨를 맛 좀 보아라!"

돈키호테는 소리소리 고함을 치면서 닥치는 대로 벽을 찌르고 있었다.

산초가 말했다.

"저것 좀 보세요. 내가 잠꼬대를 하는 줄 아세요? 빨리 가서 도와 드리세요. 거인의 목에서 흘러내리는 피가 마룻바닥에 흥건히 괴었어요. 아무튼 거인의 목이 술 주머니만큼 크던데요."

"뭐, 술 주머니라고? 이거 큰일났군!"

여관 주인의 눈빛이 달라졌다.

"그 친구가 방 안에 놓여 있는 포도주 주머니를 칼로 찌른 모양이야. 그런데 이 바보 같은 놈은 붉은 피로 잘못 보았군!"

여관 주인이 앞장을 서고, 신부와 이발사, 갈디니오가 뒤를 따라 다락방으로 뛰어올라갔다.

돈키호테는 엉덩이가 다 보이는 내의 하나만을 걸치고, 사나운 기세로 결투를 벌이는 중이었다. 어디서 주웠는지 여관 주인의 붉은 두건을 머리에 쓰고, 왼팔에는 방패 모양으로 담요를 두르고, 오른팔로 칼을 들어 닥치는 대로 무찌르고 있었다.

돈키호테는 지그시 눈을 감고 있었다.

그는 꿈을 꾸고 있었다. 앞으로 하려는 모험을 너무 골똘히 생각한 나머지, 꿈 속에서 그 흉악한 거인의 군대와 싸우고 있었던 것이다.

그는 머리맡 선반 위에 놓인 술 주머니를 거인의 머리로 착각한 것이다. 그래서 닥치는 대로 그것을 찔렀기 때문에, 마룻바닥은 피바다, 아

니 포도주 바다가 되어 있었다.

　여관 주인은 이것을 보고 화가 불같이 치밀어,

　"이 미친 작자야!"

하고 고함을 치며, 두 주먹으로 돈키호테를 후려쳤다.

　그래도 돈키호테는 잠에서 깨어나지 않았다. 이발사는 물을 떠다가 머리에 끼얹었다. 그래도 돈키호테는 깨어나지 않았다.

　산초가 방 안을 돌아보며 거인의 목을 찾고 있었다.

　"이상한걸. 거인의 목이 왜 보이지 않는 걸까? 내가 분명히 보았는데……. 요술쟁이가 어디에 감춰 둔 모양이군. 이 여관에 요술쟁이가 있다는 것은 전부터 알려진 일이야. 전에도 요술쟁이 때문에 이 여관 다락방에서 호되게 두들겨 맞고, 걷어차이는 봉변을 당했거든."

　산초가 중얼거렸다.

　"야, 이 얼빠진 녀석아! 허튼 수작 마라!"

　여관 주인은 욕설을 퍼붓기 시작하였다.

　"구멍 뚫린 술 주머니가 포도주 위에 떠 있는 것이 눈에 안 보이느냐? 이 얼빠진 녀석아!"

　"예? 술 주머니가 어떻게 되었다고요? 그건 내가 알 바 아니에요. 그 거인의 목이 없어지면 내가 가질 영토도 함께 없어지는 거예요."

　산초는 울상이 되었다. 이 어리석고 고지식한 바보도 욕심에 눈이 어두워 주인처럼 정신이 없었다.

　여관 주인은 여전히 고래고래 고함을 질렀다.

　신부는 돈키호테의 손을 붙잡고 말렸다. 그러자 돈키호테는 자기 모험이 이미 끝나고, 이제 미코미나 공주의 앞에 온 것으로 생각하는 모양이었다.

　돈키호테는 신부를 공주로 알고 말했다.

"오, 공주님이여, 이제는 안심하소서! 그대의 원수를 다 갚았으니 오늘부터는 편안히 사실 수 있습니다. 이제 소인은 공주님과의 약속을 다 지켰으니 물러가겠습니다."

"그것 보세요! 주인님의 말씀이 옳아요. 이제 거인을 처치했으니 나는 앞으로 백작이 될 거예요."

산초는 돈키호테보다 한술 더 떴다.

신부와 이발사는 돈키호테의 마음을 가라앉히고 산초를 위로하며, 여관 주인을 달래기 시작하였다.

"그러지 말고 참으시오. 우리가 대신 술값과 가죽 주머니 값을 갚아 줄 테니까요."

여관 주인은 그 말을 듣고서야 비로소 조용해졌다.

그 때 여관에 새 손님이 들이닥쳤으므로 여관 주인 부부는 기분이 좋아졌다.

새 손님 일행은 모두 일곱 사람으로, 말을 탄 남자가 네 사람, 여자 한 사람, 그리고 하인 두 사람이었다.

네 사람의 남자는 창과 방패를 들고, 검은 보자기로 얼굴을 가리고 있었다. 여자는 흰 옷을 입고 있었는데, 역시 얼굴을 가리고 있었다.

이들은 여관 방 안에 들어와서도 얼굴을 드러내지 않고 말도 하지 않았다. 여자는 자리에 걸터앉더니 깊은 한숨을 내쉬었다.

여관 주인도 상대편이 잠자코 있었기 때문에 말을 걸 엄두도 내지 못하고 선 채로 동정을 살피고 있었다.

신부는 호기심에 일행 중 한 사람에게 물었다.

"대체, 저 분들은 어떤 사람들이오?"

"글쎄요, 저희도 잘 모르겠는데요."

하인 하나가 대답하였다.

"네 사람 중에서 제일 훌륭한 차림을 한 분은 어느 귀족 같은데요?"

신부가 계속해서 물었다.

"그것도 알 수 없어요. 저희는 이 곳에서 일을 하는 마부인데, 저 분들에게 고용된 지 사흘밖에 되지 않았거든요."

"그럼, 저 여자는요?"

"글쎄요, 흰 옷을 입은 걸 보니 수녀 같은데요. 말 위에서도 한숨만 쉬며 울고 있더군요."

그 여자는 과연 이 하인의 말대로 한참 한숨을 내쉬더니, 눈물을 흘리기 시작하였다.

신부보다도 더 큰 호기심을 가진 사람은 도로테아였다. 그녀는 참다 못하여 그 여자에게 물어 보았다.

"어디가 편찮으세요? 우리 둘 다 여자니까 무슨 말씀이든 할 수 있잖아요. 제가 도울 수 있는 일이라면, 힘이 되어 드릴게요."

그 여자는 대답할 기력도 없는 듯 한참 동안 머리를 푹 숙이고 있다가, 겨우 고개를 들고는 모기만한 소리로,

"염려 마세요!"

하고 한 마디 했을 뿐이다.

이 여자의 말을 듣고 갈디니오가 갑자기 중얼거렸다.

"아, 이게 웬일인가. 꿈인가 생시인가?"

그러자 흰 옷 입은 여자는 깜짝 놀라며 자리에서 일어났다. 제일 좋은 옷을 입은 사나이가 당황하여 그 여자를 붙잡았다. 그 바람에 여자의 얼굴을 가리고 있던 베일이 벗겨지고, 비할 데 없이 아름다운 얼굴이 드러났다.

얼굴을 가린 남자가 더욱 당황하여 여자의 어깨를 붙잡는 바람에, 이번에는 그의 얼굴을 가리고 있던 검은 베일이 아래로 떨어졌다. 그러자

도로테아는 피를 토하는 듯한 외마디 소리를 지르며 까무라쳐 버렸다.

신부는 깜짝 놀라 도로테아의 베일을 젖히고, 그 얼굴에 물을 끼얹으려 하였다.

그러나 도로테아의 얼굴을 보고,

"오!"

하며 이번에는 얼굴을 가렸던 남자가 외마디 소리를 질렀다.

흰 옷을 입은 여자는 바로 갈디니오를 미치게 한 여자였다. 그리고 얼굴을 가렸던 남자는 도로테아를 버리고 이 여자와 결혼한 귀족이었다.

이 여자의 이름은 루신다라고 하며, 귀족은 페르난드라고 하였다.

두 사람은 성대한 결혼식을 올렸다. 그러나 루신다는 갈디니오의 슬픔을 뼈저리게 생각한 나머지, 결혼식을 올리는 도중에 그만 도망쳐서 수도원에 들어갔던 것이다.

이걸 알게 된 페르난드는 세 사람의 친구와 함께 수도원으로 침입하여 루신다를 무조건 납치해 오는 길이었다. 그리고 그녀의 얼굴을 가리고, 사람의 눈을 피해 고향으로 가는 길에 이들을 만나게 된 것이다.

이것은 돈키호테의 머리를 돌게 한 기사 소설보다도 더 신기한 이야기였다. 신부와 이발사는 감동하였다. 신부는 이 두 사람의 귀족과 처녀들을 화해시켰다.

그래서 신부는 페르난드와 도로테아, 갈디니노와 루신다, 이 두 쌍의 젊은이를 보면서 무척 좋아하였다.

돈키호테는 그런 줄도 모르고, 아직 여관 지붕 밑 다락방에서 잠을 자고 있었다.

마귀의 성

기뻐서 어쩔 줄 모르는 신부와는 반대로 산초는 낙심 천만이었다.

아름다운 미코미나 공주가 지주의 딸 도로테아라는 것이 드러나자 거인을 쳐부수려던 꿈도, 출세하려는 희망도 물거품처럼 사라져 버렸기 때문이다.

그리하여 산초는 얼굴을 찡그리고 돈키호테의 방으로 들어갔다. 마침 돈키호테는 잠에서 깨어나 있었다.

"나리, 이제는 모든 것이 끝장났어요. 잠이나 실컷 주무세요. 나리는 이제 거인을 친다든가, 공주의 나라를 바로잡으려는 쓸데없는 걱정을 할 필요가 없게 되었어요."

"그래, 그 거인과의 싸움은 분명히 끝났다. 생각지도 않은 대접전을 여기서 하게 되어 단칼에 그 녀석의 목을 베어 버렸다. 쏟아져 내리는 피는 마치 골짜기를 흐르는 여울물 같았다."

돈키호테는 꿈 속에서의 모험을 이야기하였다.

"여울물이 아니라 포도주 같더군요. 나리가 닥치는 대로 벤 것은 거인의 목이 아니라 술 주머니였어요. 나리가 피라고 말하는 것은 그 주머니 속에 들어 있던 포도주이고요."

그러자 돈키호테는 눈이 휘둥그레졌다.

"나리, 어서 자리에서 일어나세요! 그렇게 앉아 있을 때가 아니에요. 저 공주님은 도로테아라는 지주의 딸이에요."

"너 또 허튼 소리를 하는구나! 그 따위 수작에 놀랄 내가 아니다. 지난번 이 여관에 묵었을 때 당한 일을 아직 잊지 않았겠지? 이 여관에서 일어나는 일들은 모두가 마귀의 짓이야!"

"나리! 나는 학문은 없는 사람이지만, 마귀와 사람의 구별쯤은 할 줄 알아요. 내가 전에 담요로 공중에 들어 올려져 봉변을 당했을 때, 이 눈으로 분명히 주인 녀석이 담요 끝을 잡고 있는 것을 보았어요. 마술 같은 것은 절대로 없어요. 있다면 오직 재난뿐이에요!"

"정 그렇다면 좋도록 생각해라. 그 옷을 이리 다오. 나는 가 봐야겠다."

그 때 여관 식당에서는 신부가 페르난드와 루신다에게 돈키호테와 산초의 이야기를 자세히 들려주고 있었다.

"이제는 도로테아 양에게 연극을 계속해 달라고 할 수가 없게 되었으니, 돈키호테를 마을로 데려가려면 다른 방법을 생각해 내야 하는데……."

"염려 마세요. 도로테아에게 계속해서 그 역할을 시키지요. 기사의 동네가 여기서 멀지 않으면 저도 가 보고 싶은데요."

페르난드가 말했다.

이 때, 돈키호테가 망가진 투구를 쓰고 창과 방패를 들고 나타났다. 신부 일행은 눈을 크게 뜨고 그를 바라보았다.

돈키호테는 아름다운 도로테아에게 위엄 있게 말했다.

"아름다운 공주님! 부하의 말에 의하면 고귀하신 공주님의 신분은 이제 끝나고, 한 평민의 딸이 되셨다죠? 공주님의 부친이 마술의 힘을 빌어 그렇게 했나요? 부친께서는 현명한 분이기는 하지만, 소인을 믿지 않는 것 같습니다."

돈키호테는 계속 말했다.

"공주님의 부친은 그대의 신분을 바꾸어 놓았으나, 언젠가는 소인의 용기를 알게 될 것입니다. 소인에게 이 칼 한 자루만 있으면, 어떤 도적도 무찌를 수 있어요. 이 칼로 그대의 적을 쓰러뜨리고 여왕의 지위를 찾도록 해 드리겠습니다."

도로테아가 말했다.

"기사님, 누가 제 신분이 바뀌었다고 말했습니까? 아버님은 당신이야 말로 저의 불행을 구해 주실 분이라고 생각하셨어요. 저는 당신을 만난 것을 참으로 행복하게 여겨요. 오늘은 시간이 늦었으니, 내일 아침에 함께 떠나기로 해요."

돈키호테는 도르테아의 말을 듣고, 산초에게 눈을 흘기며 쏘아붙였다.

"이 바보 같은 녀석아! 너는 방금 공주님이 보통 여자가 되었다고 했지? 너는 마땅히 나를 속인 죄로 벌을 받아야 해!"

"나리, 용서해 주세요! 공주님의 이야기는 제가 잘못 알았어요. 그렇지만 나리께서 처치한 거인은 분명 술 주머니입니다. 포도주가 온통 방바닥에 쏟아져 흘러내렸어요."

돈키호테가 다시 얼굴을 찡그리자, 공기가 험악해지는 것을 알아차린 페르난드가 두 사람 사이에 끼여들어 적당히 달래 놓았다. 그리고 저녁 식사를 하기 시작했다.

돈키호테는 마치 성 안에서 대접을 받고 있는 것 같은 기분으로 유쾌하게 식사를 마쳤다.

밤이 어지간히 깊어지자, 모두 자기 침실로 가서 잠을 자기를 원했다. 그러나 돈키호테는 성 안에 문이 많아 밤새도록 성문을 지키겠다고 말하면서 밖으로 나갔다.

돈키호테는 투구를 쓰고 갑옷을 걸치고 애마 로시난테를 타고 사방을 경비하고 있었다.

여관이 조용해졌을 때, 아직 잠을 자지 않고 엎치락대고 있는 사람은 이 집 딸과 뚱뚱보 하녀뿐이었다.

그녀들은 무장을 갖춘 기사에게 장난을 치고 싶은 생각이 들었다. 창

밖을 내다보니, 마침 돈키호테가 가까이 다가오고 있었다.

돈키호테는 뭐라고 열심히 중얼거리고 있었다.

"아, 엘 토보소의 둘시네아 공주님이시여! 그대는 지금 무엇을 하고 계십니까? 오, 달빛이여! 그대는 사랑하는 나의 공주님도 비추고 있겠지? 아마 공주님은 궁전 뜰에 나오셔서 소인을 위해 기도하고 계실 테지. 오, 나의 태양이여! 그대가 새벽빛을 온 누리에 비출 때 나를 대신하여 공주님께 인사를 드려 다오!"

여관 집 딸은 둘시네아 공주를 이렇게 사모하는 기사를 가느다란 목소리로 불렀다.

"기사님, 잠깐만 이리로 오세요!"

돈키호테는 휙 돌아섰다. 그는 달빛이 환하게 비쳤으므로 창가에서 누가 부르고 있는지 곧 알아보았다.

돈키호테의 눈에는 성 안에서 공주가 자기를 부르고 있는 것으로 보였다. 그는 대답을 하지 않으면 실례라는 생각을 하고 창으로 다가섰다.

"공주님, 밤이 깊었으니 어서 쉬십시오."

돈키호테가 말하자, 하녀가 나직한 목소리로 대답했다.

"오, 온갖 모험에 수없이 창과 칼을 쓴 그대의 손을 좀 보여 주세요."

돈키호테는 안장 위에서 가슴을 쭉 펴고 한 팔로 창을 들어올렸다. 하녀는 갖고 있던 산초의 당나귀 고삐로 살그머니 기사의 손목을 잡아맨 후, 힘껏 잡아당겨 방 안 기둥에 붙잡아 매었다. 그리고는 여관 집 딸과 함께 도망쳐 버렸다.

돈키호테가 말했다.

"아, 공주님! 몹시 거친 손이군요. 마치 새끼줄로 비벼 대는 것 같습니다. 이제 그만 놓아 주십시오."

그러나 로시난테가 조금만 움직이면, 돈키호테는 몸 전체가 밧줄에

이끌릴 수밖에 없었다.

"로시난테야! 움직이지 말아라. 가만히 좀 있거라!"
하고 말하면서 돈키호테는 땀을 뻘뻘 흘렸다.

그가 공주를 아무리 간절히 불러도 공주는 나타나지 않았다. 그는 비
로소 이상한 생각이 들었다.

"옳아, 또다시 이 성의 마귀한테 속았구나. 이렇게 분할 때가 있나!"

그러나 아무리 흥분을 해도 소용이 없었다. 그가 몸부림을 치면, 말이
움직여서 몸이 밧줄에 매달렸다.

손을 아주 뽑아 버리기 전에는, 언제까지나 이 창가에서 서성거릴 수
밖에 없었다.

'마귀를 때려부수자면 아무래도 칼이 필요하겠군!'

이렇게 생각한 돈키호테는 몇 번이나 산초를 불렀다. 그러나 산초는

꿈나라를 헤매고 있었다. 그래서 백만의 군사도 두려워하지 않는 이 용사도, 이제는 오직 염소처럼 온순해질 수밖에 없었다.

날이 밝기 시작했다.

그 때, 말을 탄 남자 네 사람이 보기에도 용맹스러운 옷차림을 하고, 총을 들고는 아직 굳게 닫힌 여관의 문을 두드렸다. 이것을 본 돈키호테는 설사 자기 한 팔이 밧줄에 매여 있다 하더라도, 경비의 임무는 해야 한다는 생각에 큰 소리로 말했다.

"성문을 두드리는 자가 누구냐? 어떤 성이라도 이렇게 일찍 성문을 열지 않는다는 것쯤은 알고 있을 게 아니냐? 해가 떠오를 때까지 기다려라!"

"당신이 여관 주인이오? 장난 그만하고 어서 문을 열도록 하오!"

한 사나이가 말하자, 돈키호테는 호통을 쳤다.

"나를 주인으로 보다니! 이 녀석, 내 옷차림이 눈에 안 보이나?"

"옷차림이고 뭐고, 이 따위 여관을 성이라고 하다니 머리가 좀 돈 모양이군."

"그야 성이지! 그것도 이 나라에서 손꼽힐 만큼 큰 성이야! 이 성 안에는 고귀한 분들이 머물고 있어."

"이 친구가 돌아도 단단히 돌았군! 광대 일행이 들어 있는 모양이군. 항상 임금이나 공주 역할을 하는 것이 그들의 일이니까."

손님들은 이상한 사나이와 이야기를 하다가는 시간만 허비한다고 생각하고, 또다시 여관 문을 두드렸다.

이 소리에 여관 주인과 손님들이 잠에서 깨어났다.

그 사이에, 이들이 타고 온 말 한 마리가 로시난테 옆으로 다가왔다. 주인을 태우고 꼼짝도 못하던 로시난테는, 낯선 친구가 자기를 위로하려는 줄 알고 몸을 움직였다.

그러자 돈키호테는 발이 안장에서 미끄러져, 여관의 창에 매달리고 말았다. 그는 손목이 끊어지는 것 같고, 팔이 빠지는 것 같았다.

어이없는 소동

돈키호테는 간신히 발을 움직여 보았다. 그러자 뼈만 남은 온몸이 으스러지는 것 같아서 그만,

"아얏!"

하고 소리를 질렀다.

이 소리에 여관 주인이 밖으로 후닥닥 뛰쳐나왔다.

그 때 돈키호테를 달아맨 뚱뚱한 하녀가 창가로 와서, 살그머니 밧줄을 풀어 주었다. 그 바람에 돈키호테의 몸은 여관 주인과 여러 사람들이 지켜보는 가운데 저만큼 나가떨어졌다.

"어떻게 된 거요? 무엇 때문에 고함을 쳤소?"

여관 주인이 물었다.

돈키호테는 한 마디의 대꾸도 하지 않고, 손목을 잡아맨 끈을 풀고는 말 위에 올라앉아, 방패를 휘두르고 창을 겨누며 큰 소리로 외쳤다.

"나는 마술에 걸린 것이다. 그런데 나를 놀려 주는 자가 있다면, 나는 미코미나 공주님의 승낙을 받고 결투를 하겠다!"

돈키호테가 이렇게 무서운 말을 꺼내자, 사나이들은 깜짝 놀라 허리에 찬 칼을 뽑으려 하였다. 그러자 여관 주인은 당황하여,

"이 사람은 머리가 좀 이상하니 진정하십시오."

하고 달래었다.

그러자 그들은 여관 주인을 따라 안으로 들어갔다.

그런데 그렇게 소동을 부리는 바람에, 어젯밤에 이 여관에 묵고 있던

손님 두 사람이 숙박비를 떼어먹고 도망치려고 하였다. 돈키호테의 옆에 서 있던 여관 주인이 그것을 발견하고 한바탕 격투가 벌어졌다.

여관 주인은 힘껏 치고 받고 하면서 대들었다. 그러나 상대는 두 사람이라 도저히 당해 낼 수가 없었다.

그러자 주인 아주머니와 딸이 겁에 질려 문 밖으로 뛰어나와서, 말 위에 있는 돈키호테에게 두 손을 모아 싹싹 빌면서 애원하였다.

"기사님, 제발 저 악한 두 녀석을 처치해 주십시오!"

"소원을 들어 주고 싶지만, 그렇게 할 수 없소."

돈키호테는 말 위에서 세 사람이 싸우는 모습을 내려다보았다.

"나는 큰 모험을 끝마칠 때까지 어떤 일에도 손을 대서는 안 되오. 그렇지만 아가씨, 그대의 부친을 구하는 방법이 아주 없는 것은 아니오. 공주님에게 가서 승낙만 받아 온다면 곧 구해 드리지요."

도로테아가 허락하자, 돈키호테는 곧 방패를 끼고 칼을 뽑으면서 격투장으로 나갔다.

"성주님, 라 만차의 기사 돈키호테가 미코나 대왕국의 공주님 허락을 받아, 이제 그대를 구해 드리겠소."

이렇게 말하는 돈키호테의 당당한 풍채는, 능히 백만 대군이라도 단숨에 쳐 없앨 것만 같았다.

그 때 여관 주인은 온통 매를 맞아 차마 볼 수 없을 지경이었다.

그런데 돈키호테는 올렸던 칼을 다시 내리며, 별로 마음이 내키지 않는다는 표정을 지었다.

"이제 와서 이게 무슨 짓이오?"

주인 아주머니는 발을 동동 구르면서 소리쳤다.

세 사람이 맞붙어 싸우는 주먹다짐이 이제 최고조에 달하여, 여관 주인은 다리를 비틀거리기 시작하였다.

돈키호테는 곁눈질로 조용히 여관 주인이 얻어맞는 것을 냉정하게 바라보고 있다가 이렇게 외쳤다.

"이 싸움은 내가 나설 것이 못 됩니다. 상대는 기사가 아니라 불량배거든요. 정, 주인을 구해 주고 싶다면 내 부하 산초를 부르시오."

격투가 벌어지고 있는 동안에 여관에는 또 하나의 손님이 들어왔다. 손님은 직접 당나귀를 마구간으로 데리고 갔다. 그는 그 때 안장을 손질하고 있던 산초를 보고 호통을 쳤다.

"이 도둑놈아, 너 여기 숨어 있구나! 어서 내 세숫대야를 도로 내놓아라. 그리고 말 안장도! 네가 훔친 것 모두 내놓아라!"

산초는 갑자기 이런 일을 당하자, 처음에는 어찌 된 영문인지 알 수 없었다. 그러나 그를 자세히 보니 어디선가 본 기억이 있는 얼굴이었다. 그는 맘브리노 투구로 변한 세숫대야를 빼앗기고, 마구도 빼앗긴 이발사였다.

산초는 소중한 것을 빼앗겨서는 안 되겠다는 생각에 얼른 용기를 내어 한손으로 안장을 잡고, 다른 손으로 이발사를 힘껏 후려쳤다. 그러자 이발사의 입에서 피가 흘러내렸다.

그러나 이발사도 일단 붙잡은 산초를 쉽게 놓아 줄 사람이 아니었다. 그는 큰 소리로 외치고 때리고 차고 야단법석이 났다.

"사람 살려요! 도둑이 내 것을 빼앗고 나를 죽이려고 한다!"

"뭐가 어째? 내가 싸워서 얻은 것이다."

이 날 아침에는, 이처럼 두 군데에서 싸움이 벌어졌다. 그리하여 문 밖에서 여관 주인의 격투를 구경하던 손님들이 이번에는 마구간 쪽으로 '와!' 하고 몰려왔다.

돈키호테도 따라왔다. 산초의 결투는 볼 만하였다. 공격이나 방어가 모두 전법에 맞았다.

"호! 이 녀석 이제 제법이로구나! 얼마 후에 식을 올려 기사로 승진시켜야겠다."

돈키호테는 크게 만족하였다.

이발사는 전세가 불리하다는 것을 깨닫고, 주위에 모인 사람들을 보고 고함을 질렀다.

"지금 저놈이 움켜쥐고 있는 저 안장은 분명히 내 것이오! 내가 얼마나 소중하게 여기던 안장인데요. 내 말이 거짓말 같으면, 저기 있는 내 당나귀 등에 얹어 놓아 보세요. 꼭 맞을 거예요. 그리고 이 안장뿐만 아니라, 아직 한번도 써 보지 못한 세숫대야까지 이 악당들한테 도둑맞았어요."

돈키호테가 이 말을 듣고는 사람들을 헤치고 가운데로 들어왔다.

"여러분, 이 녀석은 분명히 눈이 멀었소. 옛날이나 지금이나 맘브리노 투구임에 틀림없는 것을 세숫대야라고 지껄이고 있소. 기사에게는 정당한 싸움에서 얻은 물건은 정정당당하게 자기 것으로 만들 수 있는 권리가 있소."

그는 또 말하였다.

"그리고 이 마구에 대해서 한 마디 하겠소. 이것은 내 부하 산초가 도망친 적의 마구를 빼앗아 자기가 쓰겠다고 하기에, 그렇게 하라고 내가 허락한 것이오. 그 마구가 언제 안장으로 변했을까요? 기사가 소유한 물건은 이런 식으로 형태가 바뀌기도 하오. 그 증거로 나의 귀중한 투구를 여러분에게 보여 드리겠소. 산초야, 이 녀석이 세숫대야라고 주장하는 맘브리노의 투구를 이리 가져오너라!"

산초가 세숫대야를 들고 왔다.

돈키호테는 그것을 손에 들고 말을 계속 하였다.

"자, 여러분! 이것을 자세히 보십시오. 이것을 세숫대야라고 하다니 말이 됩니까? 나는 기사도를 내세워 맹세하지만, 이 투구야말로 이 녀석한테 빼앗은 전리품으로 옛날 그대로의 것이오."

"아, 그렇고말고요."

산초가 입을 열었다.

"이것을 빼앗아 쓰고 싸움을 한 적은, 쇠사슬에 매여 있던 악당들을 살렸을 때뿐이오. 이 널찍한 투구가 없었더라면, 그 무서운 돌 벼락을 당해 낼 수 없었을 것이오."

"여러분!"

이발사가 손님들에게 말했다.

"이 미친 녀석들이 이것이 세숫대야가 아니라 투구라고 우기는데, 여러분! 이게 정말 투구라는 말입니까?"

"투구가 아니라고 우기는 자는 거짓말쟁이다! 내 말을 믿지 않는 자가 있으면 그 증거를 보여 주겠다."

돈키호테는 사방을 돌아보았다.

한편, 라 만차의 이발사도 이 결과가 어떻게 될 것인지 궁금했으나, 문득 장난을 치고 싶었다.

"나도 당신과 같은 직업을 갖고 있은 지가 20년이나 되었소. 그러므로 이발소의 도구라면 너무나 잘 알고 있소. 그리고 나는 젊었을 때 군대에도 가 보았으므로, 여러 가지 투구에 대해서도 잘 알고 있소. 나는 여러 말 하지 않겠소. 저 분이 가지고 있는 것은 분명히 투구요! 모양이 좀 흉하긴 하지만."

"그래, 맞았어! 얼굴 가리개가 없어서 모양은 좀 흉하지만, 훌륭한 투구야."

돈키호테는 고개를 끄덕였다. 신부와 라 만차의 이발사는 얼굴을 마주 쳐다보며,

"옳은 말씀이오!"

하고 맞장구를 쳤다.

그러자, 갈디니오와 페르난드도 훌륭한 투구라고 칭찬을 하였다.

젊은 이발사는 화가 나서 악을 썼다.

"어리석은 수작들 작작해라! 이 세숫대야가 투구라면, 이 말 안장은 뭐란 말이냐?"

"이것은 내 눈에는 마구 같아 보이지만, 마술에 걸려 있다면 그 정체를 알 수 없다."

돈키호테가 말했다.

그 때 신부가 입을 열었다.

"그것이 말 안장인지, 훌륭한 마구인지 기사가 잘 알 거요."

그러자 돈키호테가 말했다.

"나는 이 성에서 묵을 적마다 이상한 일을 당했소. 잘은 모르지만, 이 성에는 아무래도 마귀가 살고 있는 것 같소. 처음에는 정체를 모를 녀석들한테 괴로움을 당하고, 산초도 그 앞잡이한테 욕을 당하였소. 그리고 어젯밤에는 두 시간 동안이나 이 팔이 밧줄에 묶여 있었소. 투구가 세숫대야가 아니라는 것은 내가 이미 말한 바이지만, 이것은 지금 말 안장인지 마구인지는 여러분의 판단에 맡길 수밖에 없소이다. 여러분은 기사가 아니므로, 이 성에 사는 마귀도 여러분을 건드리지는 않을 거요. 그러므로 사실대로 보고 판단을 내리면 될 것이오."

"옳은 말씀입니다."

페르난드가 말을 이었다.

"기사님의 말씀대로 이건 우리가 결정해 봅시다. 이제 내가 한 사람 한 사람에게 물어 보겠소."

그 때 마침, 여관에 와 있던 경관 몇 사람이 함께 나와 구경을 하고 있었다. 페르난드는 정색을 하고 한 사람씩 돌아가며 물어 보았다. 그런데 자기가 아는 사람에게만 묻고 다녔다.

모두들 참다 못해 웃음을 터뜨렸다. 페르난드는 큰 소리로 젊은 이발사에게 말했다.

"여보시오, 이제 나는 피곤해서 다니지 못하겠소. 다른 의견이 더러 나올 줄 알았는데, 모두들 훌륭한 마구라고 하니 당신이 단념하는 것이 좋겠소."

젊은 이발사는 크게 실망하였다.

그러자 경관들은 어이가 없어서 화가 치밀었다.

"야, 이놈들아! 무슨 어리석은 수작들을 하는 거야? 이게 말 안장이 아니고 뭐란 말이냐?"

그러자 돈키호테가 큰 소리로,

"이 눈뜬 소경아, 똑똑히 봐!"

하고 기다란 창을 들고 경관의 머리를 힘껏 내리쳤다. 그런데 경관이 몸을 재빨리 피했기 때문에, 창은 그만 허공을 치고 땅바닥에 떨어져 두 동강이 났다.

다른 경관들이 큰 소리로 동네 친구들을 불렀다. 여관 주인도 경관의 친구였다. 여관 주인은 몽둥이를 들고 뛰어들어왔다. 공기가 아주 험악해졌다. 산초와 젊은 이발사는 동시에 말 안장을 붙잡았다. 힘센 갈디니오와 페르난드는 돈키호테의 편을 들었다.

돈키호테는 칼을 뽑아들고 경관들과 격투를 하였다. 여관 주인 아주머니는 고함을 지르고, 딸은 훌쩍거리고, 하녀도 울기 시작하였다. 도로테아는 허둥지둥할 뿐이고, 루신다는 멍하니 바라보고만 있었다.

젊은 이발사는 산초를 때리고, 산초는 젊은 이발사를 걷어찼다. 페르난드는 경관을 번쩍 들어 동댕이쳤다.

라 만차의 이발사는 큰 소리로 응원을 하고, 여관 주인은 문 밖으로 나와 많은 친구들을 부르고 있었다.

이리하여 여관은 울음소리와 고함 소리, 그리고 떠드는 소리, 뒤집어 엎고, 때리고, 치고, 받고, 망치가 날아들고, 칼이 번쩍이고, 피가 흘렀다. 그야말로 아수라장이 되어 버렸다.

돈키호테는 이 아수라장 속에서 마치 대군을 맞아, 한바탕 싸우고 있는 한복판에 놓여 있는 기분이었다. 그래서 온 동네 사람들이 다 들을 만큼 큰 소리로 외쳤다.

"여러분, 진정하세요! 누구든 목숨이 아깝거든 내 말을 들어요!"

돈키호테가 하도 큰 소리로 외치는 바람에 소동이 좀 가라앉았다. 그러자 돈키호테가 말을 이었다.

"여러분, 내가 이 성에 마귀가 산다고 말하지 않았소? 마귀는 무서운 마력으로 이 곳에 큰 싸움을 일으킨 것이오. 여러분, 마귀에게 속아서는 안 돼요! 마귀는 우리를 모조리 싸움판에 몰아넣으려 하고 있어요. 그런데 이렇게 그냥 싸운다면 마귀의 농간에 속아넘어갈 뿐이오. 자, 신부님! 그대는 평화의 사도가 되어 이 싸움을 진정시키시오!"

경관은 이런 어려운 말을 하나도 이해할 수 없었다. 다만 페르난드는 갈디니오에게 호되게 매를 얻어맞아 분해서 견딜 수가 없었다. 젊은 이발사는 싸움의 원인이 된 말 안장이 망가지고, 턱수염을 뜯기고, 매를 호되게 맞았기 때문에 한숨만 내쉬었다.

산초는 돈키호테의 당당한 기세에 감탄하였다. 오직 여관 주인만이, 몇 번이나 이런 소동을 일으킨 돈키호테를 혼내 주어야겠다고 벼르고 있었다.

그러나 얼마 후에 그럭저럭 소동은 가라앉고, 문제의 말 안장인가 마구인가 한 것도 흐지부지되고 말았다.

포로가 된 돈키호테

경관들은 이 소동이 가라앉자 싸움의 상대가 귀족인 듯싶어, 섣불리 손을 대었다가는 머리가 아플 것 같아 뒤로 물러섰다. 그러나 페르난드에게 실컷 두드려맞은 경관은 복수할 궁리를 하다가 문득 이런 생각이 들었다.

'혹시 이 녀석이?'

그는 머리를 갸우뚱하였다.

경관은 주머니 속에 들어 있는 지명 수배자에 대해 생각하였다. 거기에는 죄인선에 끌려가는 죄인들을 도망치게 한 돈키호테의 인상도 적혀 있었다.

경관은 슬그머니 수첩을 꺼내어 한 줄 읽고 나서 돈키호테를 바라보고, 또 한 줄 읽고 나서 페르난드의 얼굴을 쳐다보았다. 돈키호테는 분명히 자기 수첩에 적힌 지명 수배 인물이었다.

"야, 이것 봐라!"

경관은 외치며 돈키호테의 목덜미를 힘껏 잡았다.

"이 녀석, 경찰서로 가자! 이 조서에 나타난 범인이 바로 너로구나!"

신부는 당황해서 그 조서를 읽어 보았다. 경관의 말은 틀림없었다. 한 가지 걱정이 사라지자, 또 다른 걱정이 닥쳐온 것이었다. 그런데 이번이야말로 큰일이었다.

돈키호테는 경관들에게 이런 꼴을 당하자 노발대발하였다. 그는 있는 힘을 다하여 몸을 비틀며 두 손으로 경관의 목을 조였다.

그러자 나머지 경관들이 돈키호테에게 덤벼들었다. 여관 주인도 함께 대들었다. 여관집 부인은 남편이 싸움에 뛰어든 것을 보자, 큰 소리로 고함을 질렀다. 그러자 하녀와 딸도 고래고래 외치며 야단이었다.

산초는 얼떨떨하여 말했다.

"이것 참 큰일났군! 이 성 안은 한시도 편할 새가 없는걸. 주인께서 마귀의 성이라고 하시더니 정말인 모양이야."

그 때 돈키호테가 말했다.

"이 바보 자식들아! 쇠사슬에 얽매인 자들에게 자유를 주고, 가엾은 죄수들을 풀어 주며, 가난한 자를 구제하고, 불쌍한 사람들을 위로하는 사람을 네놈들은 도둑이라고 부르느냐? 이 체면도 염치도 없는 녀석들아! 자기 정신이 썩은 것도 모르느냐? 수행하는 기사를 존경할 줄 모르는 얼간이들, 너희야말로 도둑이다! 당당한 기사를 체포하려 덤비다니……, 무슨 잠꼬대 같은 수작이야? 기사에게는 법이 필요없다. 국왕도 기사에게서는 세금을 받아 가지 않는다. 그리고 성주가 기사를 성에 초청하고 숙박료를 받았다는 말을 들었느냐? 너희 같은 경관은 5백 명이 내 앞에 와 막아서도, 모조리 두들겨 없애 버릴 것이다."

그야말로 추상 같은 호령이었다.

신부는 돈키호테가 마음껏 떠들게 내버려 두고, 그 동안에 경관들을 진정시키려 하였다.

"보다시피 저 사람은 정신이 돌았으므로, 설사 붙잡아 가더라도 곧 풀려날 겁니다. 게다가 당신들 힘으로는 해결할 수 없는 사람이니, 그만 손을 떼는 것이 좋을 겁니다."

경관들은 돈키호테가 하도 시끄럽게 고함을 질러 그가 정상이 아님을 알아차렸다. 그리고 섣불리 손을 대었다가는 머리가 아플 거라고 생각하여 할 수 없이 손을 떼었다.

그러나 경관들은 직무상 그대로 떠날 수는 없었으므로, 산초와 젊은 이발사를 화해시키고 두 사람의 말 안장을 바꾸게 하였다.

그리고 맘브리노의 투구 사건은 신부가 세숫대야 값을 치렀기 때문에 무사히 해결되었다.

여관 주인은 이것을 보자, 신부의 주머니를 곁눈질하면서,

"나에게도 돈키호테의 숙박료와 터진 술 주머니와 마룻바닥에 쏟아진 포도주 값을 갚지 않으면, 로시난테와 당나귀를 내놓을 수 없소."

하고 버텼다.

페르난드가 할 수 없이 자기 돈을 꺼내어 대금을 지불하였다. 이렇게 해서 비로소 여관에 평화가 찾아왔다.

돈키호테는 이런 사연도 모르고, 몇 갈래로 얽힌 싸움이 무사히 해결되자 또다시 공상을 하였다.

그래서 미코미나 공주와의 약속을 지키기 위하여 도로테아 앞에 무릎을 꿇었다.

"아름다운 공주님이시여! 아무리 어려운 일이라도 노력하기에 따라서 해결될 수 있습니다. 공주님, 더 이상 성 안에 머물러 있을 필요가 없습니다. 날이 갈수록 적의 수비가 엄중해질 터이니, 손을 쓰려거든 지금 곧 떠나야 합니다."

도로테아는 왕녀다운 어조로 대답하였다.

"기사님이 끝없는 괴로움에 시달리는 저를 구해 주려고 하시니, 참으로 고맙습니다. 반드시 하느님께서 기사님을 도우실 줄 믿습니다. 출발에 관해서는 기사님께 모두 맡기겠습니다."

"공주님, 이렇게까지 소인을 믿어 주시니 고맙습니다. 저는 공주님을 기어이 여왕의 자리에 오르게 하려고 합니다. 떠나도록 합시다. 자, 산초야! 로시난테에 안장을 얹고 네 당나귀도 준비하여라. 그리고 여러분도 떠날 준비를 하십시오."

산초가 말했다.

"나리, 저는 나리의 충실한 부하이므로 숨김없이 말하자면, 세상에 저만큼 불행한 사나이는 없는 줄 압니다."

"또 잠꼬대냐?"

"잠꼬대가 아니라, 나리께서 말씀하시는 미코미나 나라의 공주님은 아무리 보아도 우리 어머니와 조금도 다름없는 여자인 것 같아요. 그러므로 모시고 갈 필요가 없을 듯한데요."

산초는 아까부터 도로테아가 페르난드와 농담을 하며 웃고 있는 광경을 불쾌한 표정으로 바라보고 있었다.

돈키호테는 부하가 무례한 말을 하자, 불같이 화가 나서 눈을 부릅뜨며 소리쳤다. 그 바람에 산초는 간이 콩알만해지는 것 같았다.

일행은 떠날 준비를 하였다.

그러나 도로테아는 페르난드를 만나고 갈디니오는 루신다를 만났으므로, 신부는 그들에게 더 이상 동행하자고 하기가 미안하여 이발사만 데리고 돈키호테와 함께 떠나기로 하였다.

마침, 마차가 여관 앞을 지나가고 있었으므로, 신부는 마차를 끄는 마부와 의논하여 돈키호테를 마차에 태우기로 하였다.

마차에다 통나무를 서고 얽어매어, 커다란 새장 모양으로 우리를 만들었다. 그리고 신부와 이발사와 페르난드, 그 밖의 사람들은 각각 얼굴을 가리고 마치 그림에 나오는 요물처럼 변장을 하였다.

돈키호테는 여러 차례에 걸친 소동으로 인해 피곤한지 다른 방에서 잠들어 있었다. 변장한 요물들은 발자국 소리도 내지 않고, 돈키호테가 자는 방으로 기어들어가 그의 손과 발을 붙잡아 매었다.

돈키호테가 깜짝 놀라 눈을 떴을 때는, 이미 손 하나 제대로 놀릴 수 없는 상태였다. 더구나 눈앞에는 요물들이 있으니 더욱 놀랄 수밖에 없었다.

그의 머리에는 금세 당치도 않은 상상이 떠올랐다.

'이것들은 분명히 성 안에 사는 마귀들이다. 내가 몸을 움직일 수 없는 것은 마술에 걸렸기 때문이야!'

돈키호테는 이렇게 생각하였다.

일은 신부의 생각대로 맞아떨어지고 있었다.

산초는 주인 옆에 있었으나, 무서운 요물에 질려 멍하니 서 있을 뿐이었다. 가엾게도 산초 역시, 주인과 같은 병에 걸려 있었던 것이다. 그러나 요물의 정체가 무엇이라는 것은 어느 정도 짐작은 하고 있었다.

산초는 포로의 몸이 된 주인을 지켜보면서 곰곰이 생각해 보았다. 앞으로 자기에게 닥칠 운명을 생각하니 기가 막혔다. 요물들은 돈키호테를 우리 속에 옮겨 놓고 문에 못질을 하였다.

그 때 어디선가 마귀의 소리가 들려왔다.

"오, 돈키호테여! 그대는 포로의 몸이 되었다고 슬퍼하지 마라. 그대가 감행하려는 큰 모험을 빨리 성공시키기 위해서는 이렇게 하지 않을 수 없었다. 나는 그대를 엘 토보소의 공주님에게로 보내고자 한다."

마귀는 또 산초에게도 말했다.

"허리에 작은 칼을 차고 수풀 같은 수염을 기른 온순한 부하여! 너의 주인이 포로가 되었다고 하더라도 주인은 너와의 약속을 결코 잊지 않을 것이다. 따라서 너의 품삯은 반드시 지불해 줄 것이다. 자, 그럼 잘 가게!"

이것은 물론 연극을 좋아하는 이발사가 마귀 흉내를 낸 것이었다.

돈키호테는 그 말을 믿고, 깊은 한숨을 내쉬며 큰 소리로 말했다.

"오, 그대는 누구인지 알 수 없으나, 참으로 기특한 말을 하는군. 그대는 마술을 쓰는 사람이지? 그렇다면 나는 이 감옥을 명예로 생각하고 그대의 말에 복종하리라. 나로 하여금, 이 우리 안에서 개죽음을 당하지 않도록 해 주기를 바랄 뿐이다. 내 부하 산초가 얼마나 놀랐을지 모르겠군. 내가 포로의 몸이 되었다 하더라도, 그는 정직하게 주인을 존경하여 나를 배반하지 않을 것이다. 설사 내가 그에 대한 약속을 이행하지 못하더라도, 품삯만은 틀림없이 주겠다. 이미 나의 유서에도 그렇게 써 놓았다."

산초는 기뻐서 주인의 두 손에 키스를 하였다.

요물들은 주인과 부하가 주고받는 이야기를 듣고는, 어물어물하다가는 자신들의 정체가 드러날지 모른다는 생각에 바로 떠나기로 했다.

막 떠나려고 하는데, 여관 주인 아주머니와 딸, 하녀가 뛰쳐나와 마치 자기가 재난을 당하여 슬퍼하듯이 눈물을 흘렸다.

돈키호테는 크게 감동하여 말하였다.

"여인들이여, 슬퍼 마오! 기사에게는 이런 불행이 언제나 따르는 법이오. 덕이 높고 용기가 있는 기사는, 항상 악인들의 질투를 받아 이런 변을 당하게 마련이라오. 그렇지만 덕은 결국 어떤 마술도 이겨낼 수 있고, 따라서 그 덕은 자연히 온 세계에 빛나게 될 것이오!"

그 동안 산초와 이발사는 갈디니오와 도로테아 일행에게 작별 인사를 하였다. 그들은 서로 작별을 아쉬워하며 소식을 전하기로 약속하였다.

"신부님, 기사 나리의 소식도 잊지 말고 전해 주세요. 친애하는 기사님께서 앞으로 어떻게 될지 궁금합니다. 부디 편지를 보내 주세요."

페르난드가 웃으면서 신부에게 말했다.

"좋아요, 무슨 일이든 전하도록 하지요."

신부가 대답하였다.

신부와 이발사는 돈키호테가 눈치를 챌까 봐, 얼굴을 가린 채 당나귀를 탔다. 앞에는 돈키호테가 탄 수레가 지나가고, 그 양쪽에는 경관들이 각각 한 사람씩 총을 들고 따라갔다. 그 뒤에는 산초가 당나귀를 타고 로시난테를 끌며 따라가고, 맨 뒤에는 얼굴을 가린 신부가 이발사와 함께 마귀답게 버티고 앉아 천천히 당나귀를 몰았다.

우리의 용감한 기사 돈키호테는 손발이 묶인 채 우리 안의 기둥에 기대어 말없이 앉아 있었다.

새 출발

일행은 20리쯤 가서 어떤 골짜기에 이르렀다.

그 때 신부가 무심코 뒤를 돌아보니, 남자 대여섯 명이 말을 타고 오는 것이 보였다. 이들은 곧 뒤따라와서 돈키호테 일행을 지나치면서 인사를 하였다.

그들은 신분이 높은 신부였다. 이 신부는 수레와 총을 가진 경관들과 얼굴을 가린 두 사람, 그리고 우리에 갇힌 돈키호테를 보자, 괴상한 행렬도 다 있구나, 생각하고 그 사연을 물었다.

"무서운 강도라도 잡았습니까?"

경관이 대답하였다.

"강도는 아닙니다. 우리도 뭐가 뭔지 모르겠어요. 이 우리 속에 앉아 있는 장본인에게 물어 보시오."

그러자 돈키호테가 우리 속에서 대답하였다.

"기사도가 무언지 알고 있는 분입니까? 알고 계시다면 내가 당한 재앙에 대하여 말씀드리겠지만, 모른다면 이야기해도 소용이 없어요."

신부와 이발사는 계획이 탄로날까 봐, 급히 수레를 옆으로 몰았다. 그러자 길 가던 신부가 돈키호테에게 말했다.

"나도 공부할 때, 철학보다 기사의 소설을 더욱 좋아하여 많이 읽었소. 어디 한 번 말씀해 보시오.”

돈키호테는 자기가 마술쟁이의 질투를 받아, 고통을 당하고 있다고 이야기 하였다. 신부가 돈키호테에 대해 설명을 하자 길 가던 신부는, 우리 속에 갇혀 있는 사람이나 밖에 있는 사람이나 모두 이상한 말을 하는구나 하고 생각하였다. 그들의 말에는 서두만 있고 본론이 없었다. 그래서 무슨 소리인지 전혀 알 수가 없었다.

그러자 산초는 가만히 있을 수가 없었다.

“나리님들, 사실은 이렇습니다. 우리 주인이신 돈키호테 님이 마술에 걸려 있다고는 하지만, 사실은 정신이 멀쩡해요. 사람이 마술에 걸리면 먹지도 못하고 말도 못하는 법인데, 우리 나리는 먹고 마시기도 잘하고, 보통 사람과 조금도 다름이 없어요. 말을 시키면 변호사 백 명이 말하는 것보다 더 잘하지요.”

산초는 이렇게 말하면서 원망스러운 얼굴로 신부를 바라보며 넋두리를 하였다.

“신부 나리, 당신은 도깨비 분장을 하고 대체 어디로 가는 거예요? 아무리 얼굴을 가려도 나를 속일 수는 없어요. 나는 바보가 아니에요. 당신이 그렇게 마귀로 변장하고 훼방을 놓지 않았다면, 우리 나리는 지금쯤 미코미나 공주님의 남편이 되고, 나는 영주가 되었을 텐데, 당신이 운명의 수레바퀴를 돌려놓았어요. 그리하여 어제까지는 하늘 꼭대기에 있다가, 오늘은 땅바닥에 떨어지게 되었어요. 당신의 직업은 사랑을 가르치는 것인데, 우리 주인님을 이렇게 비참하게 대우해도 되는 건가요?”

“시끄럽다! 이제 그만 닥쳐라.”

이발사가 큰 소리로 외쳤다.

“산초, 자네도 주인과 같이 되어 가는군. 자네도 주인과 함께 우리 속에 들어가는 것이 좋겠네."

"흥, 이발사 나리! 그런 말은 나중에 하세요. 그리고 지금은 거짓말은 빼고 말하세요. 아무리 나를 속이려 해도 뜻대로 되지 않을걸요. 우리 주인님이 마술에 걸렸는지 안 걸렸는지는 하느님이 알고 계실 거예요."

신부는 이런 말들이 돈키호테의 귀에 들어갈까 봐 조마조마하였다. 그래서 신부는 길 가던 신부를 한쪽으로 데리고 가서, 우리 안에 갇힌 돈키호테의 내력에 대해 이야기해 주었다.

"그 사람은 이상한 정신병자구려! 나도 기사들의 소설을 읽었지만, 기사란 세상에 해만 끼치는 족속이더군요."

"동감입니다."

두 사람은 이야기에 정신이 팔려 수레 생각은 그만 잊어버렸다. 그리하여 수레와의 거리가 상당히 떨어져 있었다.

이발사가 당나귀를 타고 달려왔다.

"천천히 쉬면서 말에게 풀도 뜯깁시다."

사람들은 눈앞에 펼쳐진 아름다운 경치가 마음에 들어 쉬어 가려고 하였다. 길 가던 신부가 들어갈 여관은 그리 멀지 않은 곳에 있었기 때문에, 하인들을 먼저 보내고 그 신부 혼자만 남았다.

산초는 일행이 쉬고 있는 동안 주인 옆으로 가서 말했다.

그는 변장한 신부와 이발사의 정체를 폭로하며,

"그들이 나리가 출세하는 것을 질투하여 이 꼴로 만든 거예요. 나리는 그들의 꾀임에 빠진 거예요."

하고 말했다.

그러자 돈키호테가 말했다.

"산초야, 그렇지 않다. 그 녀석들은 신부와 이발사가 아니라 마귀의 화신이야. 네가 그렇게 말하지만 잘 생각해 보아라. 마귀가 아닌 인간의 힘으로 나를 이 우리 속에 가둘 수 있겠느냐?"

"나리는 왜 자꾸 정신 나간 소리만 하십니까? 나리를 우리 속에 가둔 건 절대로 마술의 힘이 아니에요. 나리는 모략에 빠졌어요! 결코 마술에 걸리지 않았단 말예요. 제가 묻는 말에 대답해 주세요."

"그래, 뭔지 말해 보거라."

"기사라는 간판을 내걸고 투구를 쓰는 것을 사명으로 알고 있는 사람은 거짓말을 안 하지요?"

"무슨 군말이 그렇게 많으냐? 어서 말하거라."

"이건 아주 중요한 일이므로 묻지 않을 수 없어요. 나리께서 우리 안에 갇힌 후로, 소변을 보고 싶은 생각이 없으신가요?"

"옳아, 알아들었다. 실은 나도 아까부터 그걸 참느라고 진땀을 흘리고 있었다. 그러니 무슨 수를 써서라도 이 괴로움에서 벗어나게 해다오."

"나리, 나리는 그 우리에서 벗어나야 합니다. 다시 한 번, 저 정직한 로시난테를 타 보겠다는 생각을 해 보십시오. 저 말도 마술에 걸린 것처럼 기운이 없어 보여요. 자, 모험을 찾으러 떠납시다! 만일 그것도 실패한다면, 그 때야말로 말없이 우리 안으로 순순히 돌아오면 되지 않겠어요? 저는 당신에게 충성을 다하는 부하예요. 운수가 사나워 일에 실패하면 저도 나리와 함께 감옥으로 가겠어요."

산초가 말했다.

돈키호테는 크게 감동하여 결심하였다.

"산초야, 네 말대로 해 보자."

주인과 부하가 이렇게 말하는 동안에 수레는 풀밭에 이르렀다.

산초는 신부에게 자기 주인의 용변을 위하여 잠시 우리에서 풀어 주라고 하였다. 그러나 신부는 산초의 속마음을 들여다보고 말했다.

"놓아 주고 싶지만, 자네 주인에게 자유를 주면 또다시 먼 곳으로 도망칠 게 아닌가?"

"절대로 도망치지 않아요! 그건 제가 보장하겠어요."

"저도 보장하지요."

길 가던 신부도 말했다.

"놓아 주어도 멀리 가지 않는다고 약속하겠지?"

"예, 약속하고말고요."

돈키호테가 세 사람의 이야기를 듣고 우리 안에서 말했다.

"소인은 마술에 걸려 있는 몸이라 도망치려고 해도 뜻대로 되지 않아요. 설사 도망치더라도 곧 붙잡혀서 혼이 날 거요. 만일 소인을 내놓지 않는다면, 우리 근처에 오시는 분은 코를 꼭 막아야 할 거요."

길 가던 신부는 돈키호테를 동정하였다. 그리고 약속의 증거로 돈키호테와 악수를 하고, 우리 안에서 꺼내 주었다.

돈키호테는 매여 있던 밧줄에서 벗어나 자유의 몸이 되자, 기지개를 켜며 몸 전체의 마디마디를 주물렀다. 그리고 로시난테의 옆으로 다가가서 목을 가볍게 두들기며,

"오, 사랑하는 말아! 너는 세계의 말 중에서도 모범이었다. 네가 또다시 주인을 등에 앉히고, 넓은 대지를 밟을 날도 머지않았다."

하고 기염을 토하였다.

그리고는 좀 떨어진 곳에 가서 용변을 보고, 홀가분한 마음으로 돌아왔다.

고향으로 돌아와서

돈키호테는 풀밭 위의 소나무 그늘에 담요 한 장을 깔고 즐겁게 식사를 하였다.

우리 안에서 한동안 입을 다물고 지낸 돈키호테는, 신이 나서 신부와 기사에 대한 이야기를 하였다.

돈키호테의 이야기는 마치 둑이 터진 것처럼 거침없이 흘러나왔다. 신부는 기사의 이야기라면 모르는 것이 없는 돈키호테를 보고, 그만 어안이벙벙해졌다. 신부는 이렇게 현명한 신사가 어찌해서 그런 어리석은 짓을 할 수 있을까 하고, 돈키호테의 얼굴을 멀거니 바라보았다.

그 때 숲 속에서 달랑달랑 방울 소리가 들려오더니, 한 마리의 염소가 뛰어나왔다. 염소는 돈키호테가 식사를 하고 있는 옆에 다가와서 귀여운 눈동자를 깜박거리고 있었다. 잠시 후, 염소 주인이 나타나 염소의 뿔을 쓰다듬으면서 숲 속으로 데려가려 하였다.

신부는 돈키호테의 기사 이야기에 싫증이 나 있던 던 차에, 염소 주인을 불러 이야기를 청했다.

염소 주인은 산에 사는 사람답게 마음씨가 무척 고왔다. 그의 이야기에 모두 감동하여 귀를 기울였다. 이윽고 돈키호테가 입을 열었다.

"염소 주인, 그대의 가련한 이야기에 그만 눈물이 날 지경이오. 만일 내가 지금 포로의 신세만 아니라면, 지금이라도 당장 그대를 불행에서 건져 주고 싶지만, 유감 천만입니다. 나는 악한 자와 불행한 자, 그리고 학대를 받고 있는 자를 구하는 것을 천직으로 삼고 있는 자요."

염소 주인은 기묘한 돈키호테의 옷차림을 보고 깜짝 놀랐다.

"당신은 이야기 속에서나 튀어나오는 말만 하는구려. 나를 깔보고 조롱하는 거요, 아니면 머리가 돈 거요?"

돈키호테는 이 말을 듣자, 지금까지 품었던 동정심이 씻은 듯 사라져 버렸다.

"뭐, 머리가 돌았다고?"

그는 이렇게 외치면서 빵을 한 줌 쥐어 상대방의 얼굴에 홱 던졌다.

염소 주인은 정말로 자기가 기사에게 조롱받고 있는 줄 알고 마구 덤벼들었다. 그러자 산초가 염소 주인에게 달려들어 어깨를 붙잡아 음식 접시가 있는 곳으로 던져 버렸다.

이들이 한참 난투극을 벌이고 있는데, 어디선가 뿌뿌 나팔 소리가 들려왔다.

돈키호테가 돌아보니, 골짜기 언덕길을 흰 옷 입은 사람들이 길게 줄을 이어 올라가고 있었다. 그 곳에서 들려오는 소리였다. 기우제를 지내러 가는 사람들의 행렬이었다.

돈키호테는 그 광경을 보고 또다시 상상의 날개를 폈다. 그는 기우제를 지내는 광경을 몇 번이나 보았지만 일체 염두에 두지 않고,

'이제 모험할 시간이 닥쳐왔다. 지금 내가 나서지 않으면, 누가 이 무리들을 쳐부술 수 있겠는가?'

하고 생각하였다.

흰 옷 입은 사람들이 마리아의 동상에 검정 부대를 씌워서 메고 가는 것을, 돈키호테는 악당들이 귀부인을 붙잡아 가는 것으로 생각했던 것이다.

그는 재빨리 로시난테의 등에 올라탔다.

"산초야, 칼을 이리로 가져오너라!"

그는 이렇게 외치면서 일행에게 큰 소리로 외쳤다.

"이제부터 여러분에게 이 세상에 기사도를 지키는 자가 얼마나 필요

한가를 알려 드리겠소! 포로가 된 저 귀부인을 내 손으로 구해 내어 여러 분에게 기사의 존엄성을 보여 주겠소!"

돈키호테는 말을 마치고, 로시난테에게 박차를 가하여 쏜살같이 언덕 길을 뛰어올라갔다.

신부와 이발사가 깜짝 놀라 뒤따랐으나, 따라잡을 수가 없었다. 산초 도 있는 힘을 다하여 뒤쫓아갔다.

돈키호테는 흰 옷 입은 악한들의 행렬에 끼어, 검은 상복 입은 부인 을 구하기 위해 고군분투하고 있었다. 그의 귀에는 산초의 고함 소리도 들리지 않았다.

돈키호테의 언행을 본 사람들은, 그가 미친 사람이라고 생각하고 깔 깔 웃었다. 돈키호테는 화가 치밀어, 칼을 뽑아들고 그들에게 마구 덤벼 들었다.

그러자 인부 중 한 사람이 굵은 몽둥이를 들어 그 칼을 막았다. 그러나 돈키호테가 더욱 사납게 칼을 내리치는 바람에, 몽둥이는 두 동강이 나고 말았다. 그러자 그 인부는 남은 반 동강이 몽둥이를 집어들어, 돈키호테의 어깨를 힘껏 후려쳤다.

돈키호테는 정신이 아찔하여 말 위에서 굴러 떨어졌다.

그 때, 산초가 헐레벌떡 뛰어와서 인부에게 큰 소리로 외쳤다.

"여보세요, 한번만 용서하세요! 저 분은 저의 주인님인데 평생 동안 나쁜 짓이라고는 해 본 적이 없어요. 운 나쁘게도 지금 마귀가 달라붙어 저 꼴이 되고 말았어요."

그러자 인부는 두 번째 올렸던 몽둥이를 든 팔을 내렸다.

돈키호테의 일행이 모두 모여들었다. 자칫하면 큰 싸움이 날 것 같은 분위기였다.

그 때 죽은 듯이 조용하던 돈키호테가 슬픈 목소리로 중얼거렸다.

"오, 아름다운 둘시네아 공주님! 그대와 멀리 떨어져 있으면, 저는 또다시 비참한 변을 당할지 모르겠습니다."

그러더니 산초를 향하여 말했다.

"나를 도와 저 마술의 수레에 태워 다오. 어깨가 부서져서 이제는 로시난테에 올라탈 기력도 없다!"

산초는 주인이 살아난 것이 좋아서 어쩔 줄을 몰라하였다.

돈키호테는 수레에 태워지고, 기우제를 지내러 가던 일행은 줄을 지어 언덕길을 올라가기 시작하였다.

이제 남은 사람은 신부와 이발사, 그리고 돈키호테와 산초뿐이었다.

그들은 길을 떠난 지 6일 만에 돈키호테의 고향으로 돌아왔다.

그 날은 마침 일요일 점심때라 많은 사람들이 모여들어 수레를 들여다보고는 깜짝 놀랐다. 수레의 우리 안에는 무서운 맹수가 있을 줄 알

있는데, 뜻밖에도 자신들의 지주가 누워 있었으니 놀라지 않을 수 없었던 것이다.

이것을 본 장난꾸러기 꼬마 녀석 하나가 돈키호테의 집으로 뛰어갔다.

"나리님이 노란 얼굴을 하고 수레 안에 녹초가 되어 있어요!"

그러자 조카딸과 가정부는 울상이 되어, 또다시 기사도를 저주하며 뛰어나왔다.

돈키호테가 돌아왔다는 소식을 들은 산초의 아내도 뛰어나왔다. 그들 부부는 꽉 끌어안고, 그 동안 나누지 못한 소식을 전하느라 정신이 없었다.

가정부와 조카딸은 돈키호테를 방으로 데리고 가서, 침대 위에 뉘였다. 신부는,

"잘 알아들었소? 다시는 도망치지 못하게 조심하시오!"

하며 단단히 주의를 주었다.

신부에게서 그 동안의 이야기를 모두 들은 두 여자는, 하느님께 다시 한 번 감사의 기도를 올렸다.

그녀들은 엉터리 이야기로 가득 차 있는 기사 소설을 또다시 원망하기 시작하였다.

두 여자는 주인의 몸이 어느 정도 회복되면, 또 집을 빠져 나가지 않을까 벌써부터 걱정이 되었다.

그런데 이 걱정은 불행하게도 사실로 나타났다.

우리의 기사 돈키호테는 또다시 국제 순방의 길에 오르기 위하여 집을 뛰쳐나가고 말았던 것이다.

작품 알아보기
(장편문학)

〈돈키호테〉는 세르반테스가 당시의 기사도 이야기가 사람들의 마음을 어지럽히고 있는 상황을 비판하기 위하여 쓴 작품이다.

처음엔 단순한 목적으로 시작했으나 방대한 분량의 작품을 쓰는 동안 〈돈키호테〉는 세르반테스의 인생 전체를 포괄하는 '대작'으로 태어날 수 있었다.

에스파냐의 한 시골의 지주 영감은 밤낮으로 기사도 이야기를 탐독한 나머지 정신이 이상해지고 말았다. 그는 세상의 부정과 비리를 도려내고 학대당하는 사람들을 돕고자 중세의 기사를 흉내낸 '돈키호테'라고 자칭하며 진짜 갑옷을 입고 '로시난테'라는 볼품 없는 말까지 타고 모험의 길에 오른다. 게다가 이웃에 사는 농부 산초 판사를 시종으로 삼아 거느린다.

현실과 동떨어진 고매한 이상주의자인 돈키호테와는 달리 산초 판사는 순박한 농사꾼으로서 우직하고 욕심꾸러기이며 애교가 있고 충실한 사람이다.

두 사람은 돈키호테가 지닌 기사도 정신의 광기와 몽상으로 가는 곳마다 현실과 충돌하여 우스꽝스러운 상황을 연출한

작품 알아보기
(장편문학)

다. 그리고 그 때마다 비통한 패배와 좌절을 맛보게 된다. 하지만 아무리 가혹한 패배를 겪을지라도 돈키호테의 용기와 고귀한 뜻은 조금도 꺾이지 않는다는 것을 주요 내용으로 하고 있다.

〈돈키호테〉는 자기 힘에 벅찬 정의감과 인간애를 잃지 않고 자기의 이상을 향해 나아가는 인물을 이야기하는 것으로 결코 단순한 익살이나 풍자소설이 아니다. 진정으로 '인간'을 그린 최초, 최고의 소설로 손꼽는다.

그리하여 현실을 무시하고 독선적인 정의감에 이끌려 이상을 향해 저돌적으로 행동하는 성격의 사람을 '돈키호테'에 비유하기도 한다. 반면 사색적이며 회의적인 경향이 강하고 결단과 실행력이 약한 성격의 인물형은 '햄릿형'으로 나누기도 한다.

논술 길잡이
(장편문학)

❶ 돈키호테는 순진한 하인 산초를 꼬드겨서 부하로 삼고, 함께 모험을 떠난다. 비슷하면서도 서로 다른 두 인물의 공통점과 차이점을 써 보자.

돈키호테　　　　　산　초

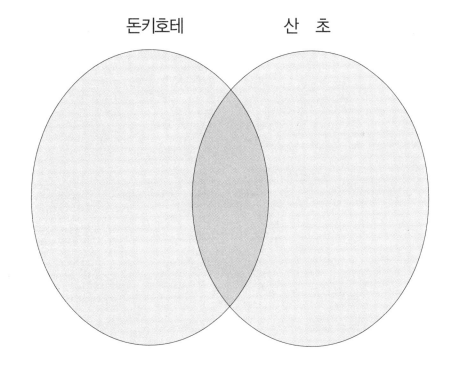

논술 길잡이
(장편문학)

❷ 아래 그림은 돈키호테가 풍차를 거인이라고 하면서 풍차를
향해 싸우려고 달려드는 모습을 그린 것이다. 돈키호테의
이런 엉뚱한 행동을 어떻게 생각하는가? 돈키호테에게 해
주고 싶은 말을 써 보자.

논술 길잡이
(장편문학)

❸ 다음은 〈돈키호테〉의 마지막 부분이다. 돈키호테가 집을 뛰쳐나간 뒤에 어떤 모험을 하게 될 것인지, 그 뒤에 이어질 이야기를 상상해서 써 보자.

> 두 여자는 주인의 몸이 어느 정도 회복되면, 또 집을 빠져 나가지 않을까 벌써부터 걱정이 되었다.
> 그런데 이 걱정은 불행하게도 사실로 나타났다.
> 우리의 기사 돈키호테는 또다시 국제 순방의 길에 오르기 위하여 집을 뛰쳐나가고 말았던 것이다.

논술 길잡이
(장편문학)

❹ 돈키호테가 집을 떠난 뒤 6일 동안 겪은 모험들을 순서대로 간단하게 정리해 보자.

❺ 엉뚱한 행동을 하며 모든 일에 적극적이면서 긍정적으로 생각하는 성격의 사람을 '돈키호테형'이라고 한다. 이런 돈키호테형 인물에 대해 어떻게 생각하는지 써 보자.

논술 길잡이
(장편문학)

❻ 다음은 돈키호테가 여관 주인에게 엉터리로 기사 임명을 받는 부분이다. 돈키호테는 왜 자신을 기사로 착각하게 되었는지 그 이유를 찾아 써 보자.

"기사님, 거기 무릎을 꿇으시오!"
"감사하오!"
돈키호테는 공손히 무릎을 꿇었다.
여관 주인은 무언지 모를 소리를 한참 중얼거리며 숙박부를 읽어 내려갔다. 그리고 돈키호테의 칼을 뽑아들고, 그의 목덜미와 등을 칼등으로 두들겼다.
"축하합니다! 이제 무사히 끝냈습니다."

....

....

....

....

논술 길잡이
(장편문학)

❼ 세르반테스는 〈돈키호테〉를 통해 당대 사회를 신랄하게 풍자하고 우리에게 웃음을 선사한다. 작가가 이 작품을 통해 말하고자 하는 것은 무엇인지 써 보자.

....

....

....

....

❽ 〈돈키호테〉는 출판된 후 대단한 인기를 얻었다. 그러자 세르반테스는 10년 후에 〈돈키호테〉의 후편을 완성하여 출판하였다. 〈돈키호테〉 후편의 이야기를 찾아 읽고, 그 내용을 요약해서 써 보자.

....

....

....

....

논·술·세·계·대·표·문·학 〈전60권〉

펴 낸 이   정재상
펴 낸 곳   훈민출판사
주   소   경기도 고양시 덕양구 원당동 416번지
대표전화   (031)962-3888
팩   스   (031)962-9998
출판등록   제395-2003-000042호